光明社科文库
GUANGMING DAILY PRESS:
A SOCIAL SCIENCE SERIES

·教育与语言书系·

# 新时代中国基础技术人才教育发展现状研究

孙从建 陈 伟 刘 岗 | 著

光明日报出版社

图书在版编目（CIP）数据

新时代中国基础技术人才教育发展现状研究 / 孙从建，陈伟，刘岗著. -- 北京：光明日报出版社，2022.9
ISBN 978-7-5194-6644-2

Ⅰ.①新… Ⅱ.①孙… ②陈… ③刘… Ⅲ.①职业技术教育—研究—中国 Ⅳ.①G719.2

中国版本图书馆CIP数据核字（2022）第095655号

## 新时代中国基础技术人才教育发展现状研究
### XINSHIDAI ZHONGGUO JICHU JISHU RENCAI JIAOYU FAZHAN XIANZHUANG YANJIU

| 著　　者： | 孙从建　陈　伟　刘　岗 | | |
|---|---|---|---|
| 责任编辑： | 刘兴华 | 责任校对： | 周建云 |
| 封面设计： | 中联华文 | 责任印制： | 曹　铮 |

出版发行：光明日报出版社
地　　址：北京市西城区永安路106号，100050
电　　话：010-63169890（咨询），010-63131930（邮购）
传　　真：010-63131930
网　　址：http://book.gmw.cn
E - mail：gmrbcbs@gmw.cn
法律顾问：北京市兰台律师事务所龚柳方律师
印　　刷：三河市华东印刷有限公司
装　　订：三河市华东印刷有限公司
本书如有破损、缺页、装订错误，请与本社联系调换，电话：010-63131930

| 开　　本： | 170mm×240mm | | |
|---|---|---|---|
| 字　　数： | 161千字 | 印　　张： | 13.5 |
| 版　　次： | 2022年9月第1版 | 印　　次： | 2022年9月第1次印刷 |
| 书　　号： | ISBN 978-7-5194-6644-2 | | |

定　　价：85.00元

版权所有　　翻印必究

# 前 言

21世纪是中华民族迎接知识经济挑战，实施科教兴国战略，全面建设小康社会和实现中华民族伟大复兴的一个崭新时代。经济实力的提升，综合国力的增强，中华民族整体素养的普遍提高，迫切需要大力发展基础技术人才教育，培养能够将先进科技转化为现实生产力的高技能、高层次的创新人才。中国已经进入从人力资源大国向人力资源强国迈进的历史新阶段，我国基础技术人才教育的价值不再仅是培育少数"精英"，我们要走出一条具有中国特色的基础技术人才教育之路，在符合世界基础技术人才教育共同发展趋势的情况下，回归本土，走向现实；在遵循基础技术人才教育内在发展规律的条件下，超越现实，突破常规；办出具有中国特色的、可持续发展的、具有国际竞争力的、世界一流的基础技术人才教育，让世界见证中国基础技术人才教育的历史性跨越，见证中华民族的伟大复兴。

本书共分六篇。第一篇对基础技术人才的发展背景及价值进行阐述；第二篇对我国基础技术人才培养的主要形式——职业技术教育的发展进行了梳理；第三篇从现实出发针对当代基础技术人员现状、基础技术人员社会认可度、基础技术人员教育模式现状等方面进行了问卷调查；第四篇通过对我国中职与高职院校的官方统计数据的归纳整理与分析，总结了我国技术教育的空间发展格局特征；第五篇整理了国内外较为流行的现行基础技术人才教学模式，系统总结了有关教育评语的现有研究；第六篇根据社会调研、问卷分析以及主要职业技术院校的教学培养模式，系统总结了当前我国基础技术教育发展过程中的主要问题，并提出了切实可行的建议。

本书由孙从建整体把握设计、撰写并定稿，刘岗负责数据收集与分析，陈伟负责数据分析及撰写。此外，研究生赵彦存、王鑫钰、贾焰文、王一涵、殷一丹、李孟乔、王红阳、乔鹏、陶凯、周思捷、王诗语、张鑫、张志伟等承担了本书的资料查找、收集、汇总以及校订工作。鉴于我们水平有限，疏漏之处恳请读者赐教。

本书的出版得到了中国工程院战略咨询研究项目《新时代工程科技人才需求与教育模式改革战略研究》（编号：2020-XZ-26）的资助，在此一并感谢。

孙从建<br>2021年12月于太原

# 目 录
CONTENTS

第一篇　绪　论 …………………………………………………………… 1

第二篇　基础技术教育的发展 …………………………………………… 4

　第一章　中国基础技术教育的发展 …………………………………… 5

　　第一节　早期技能教育的萌芽 ……………………………………… 5

　　第二节　近代鸦片战争时期 ………………………………………… 9

　　第三节　民国时期 …………………………………………………… 10

　第二章　职业技术教育的健康发展 …………………………………… 14

　　第一节　中华人民共和国成立时期 ………………………………… 14

　　第二节　改革开放初期 ……………………………………………… 16

　　第三节　进入 21 世纪 ……………………………………………… 19

　　第四节　在党的十九大召开以后 …………………………………… 21

第三篇　基础技术人员生存现状及社会认可度调查 ………………… 23

　第一章　基础技术人员生存现状分析 ………………………………… 26

第二章　基础技术人员社会认可度 …………………………… 30
　　第三章　基础技术人员技能掌握情况与社会需求契合性 …… 33
　　　第一节　基础技术人员所学技能与实际社会需求的匹配度 …… 33
　　　第二节　基础技术人员所学技能熟练程度 ………………… 34
　　　第三节　当前基础技术人员市场供需情况调查 …………… 35

第四篇　我国技术教育的空间发展格局特征 ……………………… 37
　　第一章　东部地区职业技术教育资源的空间格局特征 ……… 39
　　　第一节　东部地区高职院校空间分布特征 ………………… 39
　　　第二节　东部地区中职院校空间分布特征 ………………… 40
　　第二章　中部地区职业技术教育的空间分布特征 …………… 46
　　　第一节　中部地区各省份的中等职业技术教育资源空间分布特征
　　　　　　　…………………………………………………………… 47
　　　第二节　中部地区各省份的高等职业技术教育资源空间分布特征
　　　　　　　…………………………………………………………… 51
　　　第三节　中部地区职业技术教育的人口匹配度分析 ……… 53
　　第三章　西部地区职业技术教育的空间分布特征 …………… 55
　　　第一节　我国西部职业技术教育概况 ……………………… 57
　　　第二节　西部地区中等职业技术教育资源的空间分布特征 …… 60
　　　第三节　西部地区高等职业技术教育资源的空间分布特征 …… 63
　　第四章　工程类职业技术院校的发展现状分析 ……………… 65
　　　第一节　我国工程类职业技术院校的空间发展格局 ……… 66
　　　第二节　工程类职业技术教育现状分析 …………………… 82

## 第五篇 现行基础技术人才的教育模式介绍 …… 106

### 第一章 国外经典教育模式 …… 106
- 第一节 美国的 CBE 职业技术教育模式 …… 106
- 第二节 德国双元制职业技术教育模式 …… 114
- 第三节 MES 职业技术教育模式 …… 122
- 第四节 教学工厂职业技术教育模式 …… 123
- 第五节 TAFE 职业技术教育模式 …… 125
- 第六节 英国职业技术教育模式 …… 130

### 第二章 我国现行的基础技术人才教育模式 …… 135
- 第一节 订单式技术人员教育模式 …… 135
- 第二节 工学交替技术人员教育模式 …… 140
- 第三节 现代学徒制技术人员培养模式 …… 144

### 第三章 我国现有技术人员教育考核评估体系 …… 150
- 第一节 评价指标体系构建的方向性 …… 151
- 第二节 教育质量评价 …… 152
- 第三节 课堂评价 …… 153
- 第四节 学业评价 …… 156
- 第五节 教材评价 …… 158
- 第六节 双师型教师综合能力评价体系 …… 162
- 第七节 教育质量监控评价体系 …… 164

## 第六篇 当前中国基础技术教育发展 …… 167

### 第一章 我国基础技术教育发展中的问题 …… 168
- 第一节 入学率低 …… 168

第二节　投入资金占比不高……………………………………169
第三节　区域分布不平衡………………………………………170
第四节　社会认可度低…………………………………………171
第五节　企业参与度不强，缺乏相应监管……………………174
第六节　立法层面不完善………………………………………175
第七节　教学培养与市场需求脱节……………………………177
第二章　我国基础技术人员教育发展的建议………………………179
第一节　进一步加强基础技术人才教育发展…………………179
第二节　加强本科层次基础技术教育发展……………………181
第三节　设立职业类学生公费教育试点工程…………………183
第四节　规避本科职业技术教育发展中的"学术化"倾向…187

**参考文献**……………………………………………………………202
**后　记**………………………………………………………………205

# 第一篇 绪 论

创新驱动发展战略大背景下,基础技术人才作为国民经济建设实施中的关键性力量,在提升企业乃至国家核心竞争力方面发挥着重要作用。基础技术人员水平的提高与巩固以及基础技术人员的数量与素质对经济社会的发展起着重要的基础作用。对企业而言,基础技术人员在增强企业创新能力、提升产业技术水平方面所发挥的作用不言而喻,由高素质技术人员所引领的创业浪潮已成为当前全球科技进步的引擎,而且正成为我国经济发展的重要推动力量。然而,长期以来,由于我国基础技术人员职业化的理念没有树立,其人才教育培养质量不高,基础技术人员教育模式与市场需求脱节;加之社会认同偏低及相关职称评审的社会化程度不高,导致我国基础技术人才职业社会地位偏低,难以对优秀人才产生较强的吸引力;由此进一步加重了我国基础技术人员职业发展阶梯设置不科学、基础技术人员成长路径过短、培养与社会需求脱节、基础技术人才日益匮乏的局面。其中,教育模式的不合理是当前我国基础技术人员匮乏的深层次原因,因此研究探讨适应于当前信息化发展背景下基础技术人员教育培养的优化模式是政府亟待解决的部分重要问题。

2010年德国公布《高科技战略2020》，提出了一系列促进制造业发展的创新政策。为使该战略得到落实，2012年德国政府启动了"工业4.0"未来项目。"工业4.0"又称"工业革命4.0"，即在未来10年或更长一段时间内，"第四次工业革命"（21世纪发起的全新技术革命）将步入"分散化"生产的新时代。随后，美、英、法、日、韩等国家也纷纷提出了自己的"工业4.0"计划，旨在将互联网和人工智能等技术运用到工业生产中。面对产业升级与转型，我国在"工业4.0"时期需要大量的基础技术人才。此外，自2013年我国提出了"一带一路"重大倡议后，得到国际社会的高度关注。共建"一带一路"旨在促进经济要素有序自由流动、资源高效配置和市场深度融合，推动沿线各国实现经济政策协调，开展更大范围、更高水平、更深层次的区域合作，共同打造开放、包容、均衡、普惠的区域经济合作架构。我国作为"一带一路"倡议国，理应加大基础技术人才的培养，不仅要满足本国基础工程科技人才需求，而且应加强对"一带一路"沿线合作国的基础技术人才援助。作为"世界工厂"，我国具有完备的基础工业体系。但是，随着近年来劳动力成本不断提高，不少跨国制造企业外移至东南亚等国。失去价格优势后如何进一步发展，成为我国当前面临的主要问题之一。此外，与世界先进水平相比，我国制造业仍然是大而不强，在自主创新能力、资源利用效率、产业结构水平、信息化程度、质量效益等方面差距明显。2015年5月8日，我国提出《中国制造2025》战略方针。该方针是我国实施制造强国战略第一个十年的行动纲领，也是"中国制造"向"中国智造"转变的行动指南。该方针的提出，使技术人才的需求规模、层次结构、素质特征等都产生了变化，制造业转型升级更需要技术人才。

全球新一轮科技革命和产业变革，瞬息万变、百舸争流。对基础技术人员的需求更加紧迫，作为国家间竞争的核心动力，基础技术人员的需求正变得日益市场化、精准化、全球化、在经济发展的大背景下，工程人员教育既要准确把握全球科技发展态势，又要聚焦基础技术人员技能培养与实际需求相契合，推动基础技术人员与数字经济和实体经济等新兴经济的合理融合，发挥好科技发展、国家综合竞争力提升的"头雁"效应，助力中国经济高质量发展。

综述，在信息化、全球化浪潮下，以高科技为主导、运行机制灵活、不断创新的基础技术人才不仅支撑了各国经济增长，而且为社会创造了新的就业机会。基础技术人才的能力提升及培养在很大程度上决定着一个国家的经济发展速度，决定着一个民族的兴衰。

# 第二篇　基础技术教育的发展

基础技术教育主要的目的在于培养受教育者实训能力及实际操作能力，其主要培养受教育者如何解决问题的能力，以便应对社会市场的需求。职业技术教育肩负着培养技术人才尤其是基础技术人才的教育重担。教育部官方统计结果表明，当前我国职业技术教育中基本上会开设"机、电、土、化"等传统工程类职业技术教育专业，职业技术教育是我国培养基础技术人才的主要阵地。2021年4月13日在全国职业技术教育大会中，习近平总书记指出"加快构建现代职业教育体系，培养更多高素质技术技能人才、能工巧匠、大国工匠"的迫切需要。为了进一步探究我国当代基础技术人才的教育现状及主要发展问题，我们对我国基础技术人才培养的主要形式——职业技术教育的发展进行了梳理。

# 第一章　中国基础技术教育的发展

职业技术教育是指让受教育者获得某种职业或生产劳动所需要的技术知识、技能和职业道德的教育，是伴随着社会生产和生活的需要而出现的一种社会现象。其核心目的是培养应用型技术人才和具有一定文化水平以及专业知识技能的社会主义劳动者、建设者。不同于传统的知识类教育，职业技术教育更侧重于实践技能和实际工作能力的培养。职业技术教育是我国基础技术教育的最主要形式，肩负着基础技术教育的重担，是基础技术教育最为直接的获取方式。职业技术教育在一定程度上可以等同于基础技术教育，因此我们从职业技术教育的发展历程来梳理我国基础技术教育的发展。

## 第一节　早期技能教育的萌芽

### 一、原始社会时期

从元谋人到夏朝建立前夕，这一时期生产力水平很低，社会生产没有明显分工，没有专门的教育机构和专职教师，教育只融合在生产劳动和社会生活之中。人们在生产生活中所积累的经验通过成人的言传身教传给后代，进行着如依靠集体交流、传授有关生产技能、生活经验等内容的原始职业技术教育活动。原始社会中人们的社会生产和生活活动往往交织在一起，所以，原始社会早期的技能教育，是为适应原始社会生产和生活的需要而产生，并随其发展而发展的。其发展水平不仅与社会生产和生活的发展水平相一致，而且同人类自身的进化相一致。虽然在这个阶段，原始社会的先民们并无职业技术教育的概念，但总的来看，农业、畜牧业、手工业中包含着许多技能教育。因此，原始社会的生产和生活与原始的职业技能教育息息相关、密不可分，以至于后来的古代学校教育能够在这样的基础上发展起来。

**二、奴隶社会时期**

公元前21世纪至公元前475年是奴隶社会时期，这一时期，劳动生产工具已由原始社会的新石器进化为普遍采用青铜器，以农业为主的自然经济开始形成，手工业得到了跨越式的发展。在这一阶段已经开始对手工业奴隶进行强制性的技术培训，强制性的职业技术教育形式随之产生。随着生产发展，出现了职业、体力劳动和脑力劳动的分工。这一时期，教育开始从生产劳动和社会生活中分离出来，成为一种单独的事业，并出现了学校机构。虽然有了学校教育，但职业技术教育只在部分方面有所体现，而且缺乏质的发展。由于奴隶社会的学校教育是为奴隶主阶层服务的，学校只是一种培养官吏的机构，劳动人民子弟只能在生产劳动和日常生活中跟长辈学习一些知识和技能。中国古代职业技能教育通过学校教育、世袭家传、艺徒传承、行业教学等多种途径进行，一定程度上奠定了中国古代职业技术教育长期兴盛的基础。

### 三、封建社会时期

从战国（公元前475年）开始至鸦片战争（1840年）这一时期，铁器与畜力的普遍使用，大大提高了劳动生产率，生产和科学技术等方面有了较大的发展，这为职业技术教育提供了丰富的教育内容。手工业的精细划分促进了职业技术教育的快速发展。由于生产的发展，原来靠口头传授进行的职业技术教育已不能满足社会生产需要，于是出现了私人收徒授艺和在官营、私营的作坊中招收徒弟这一形式的职业技术教育，并逐渐形成学徒制。这一时期，职业技术教育不仅仅依靠直观模仿、口头传授来进行，而且有了文字教材。南北朝时期贾思勰所著的《齐民要术》可称为中国第一部农业职业技术教育教材。

中国古代较为全面、系统而深刻的职业技术教育思想产生于春秋桓（齐桓公）、管（管仲）时期的齐国，两人共同建构了内涵丰富、特点鲜明的古代职业技术教育思想。究其原因，主要有以下几方面：第一，士、农、商地位的提高；第二，齐国社会分工职业化与工种细密化的完成；第三，齐国争创霸业的需要；第四，"四民分业定居"社会改革措施的推行。桓管时期在齐国形成的职业技术教育思想体系的主要内容有如下几个方面：第一，教育目标——培养"诚贾""诚工""诚农""信士"等高层次专业技术人才；第二，教育理念——人人成才，团结协作；第三，教育方式——父兄之教，乡官训练；第四，教育内容——职业类分，专门实用；第五，教育管理模式——设官分职，层级递进；第六，教育功能——安国兴国，争霸天下。

综上，新石器时代，中国产生了原始技术教育；夏、商、周三代，中国产生了满足贵族从政需要的素质型技术教育；西周以前，中国没有出现整体社会意义上的职业技术教育，因而也便谈不上什么职业技术教育思想的产生。较为全面、系统而深刻的职业技术教育思想初步形成于春秋前中期的齐国，它是管仲为创立霸业而推行的"四民分业定居"社会改革的直接产物。桓管时期齐国职业技术教育的目标、理念、方式、内容、管理模式及其功能，共同构成了内涵丰富、特点鲜明的古代职业技术教育思想体系。其中的精华成分对今天的职业技术教育依然有很高的借鉴价值。

随着中国封建社会逐渐走向繁荣昌盛，中国古代职业技术教育的发展也在秦至唐宋时期达到了顶峰。在这一时期，出现了家业父传、设官教民、艺徒制等多样化的职业技术教育形式。在东汉末年，专科学校开始设立，唐代以后，职业技术教育体系门类更加齐全，学制更加完善。至宋代，各专科学校招生人数超过前代。在历朝的专科学校教育中，皆有相应的专门教材和严格的考核制度。

在元、明、清时期，封建社会逐渐进入衰败阶段，职业技术教育虽受到一定影响，但仍旧处于缓慢发展时期。首先，在该时期，职业技术教育元素融入了传统私学教育，传统教育中出现了研讨和传播自然科学与技术应用的新风气。其次，艺徒制得到进一步发展，这极大地提高了当时各行业的职业技术水平。再次，关于职业的相关教材增多，大大提高了职业技术的传播力度。最后，该时期的职业专门学校得到进一步发展和完善，主要表现为学科增多、规模扩大、管理日趋完善。

近代是中国职业技术教育的初步发展阶段，实业教育在中国的孕育、形成和发展对近代国人的思想观念、教育模式、社会生产都产生了深远的影响。

## 第二节 近代鸦片战争时期

　　直至晚清时期，洋务派认识到西方国家的强大在于他们的船坚炮利，在于重视实业技术和实业人才的培养，要想挽救清王朝必须向西方学习先进的技术和管理经验，因此洋务派大兴实业、发展实业教育。新式工业需要掌握近代科学技术的技术人员和熟练工人，于是在这些工厂中附设学堂，培养技术人员和工人。这些学堂的设立，标志着近代中国职业技术教育（当时称"实业教育"）的开始。在当时的社会条件下，产生了半殖民地半封建的近代职业技术教育，纵观全球，当时我国兴办初等职业技术教育要落后于西方国家许多年。

　　面对残酷的现实，林则徐、太平天国运动的领袖们和以曾国藩、李鸿章、左宗棠、张之洞为代表的洋务派都提出向西方学习、改革教育的主张。创办了新式学堂，包括外国语学校、工业技术学校和军事学校。

　　清同治元年（1862年），北京、广东设同文馆和广方言馆，这些是培养外文翻译的职业技术教育机构。同治五年（1866年），左宗棠奏请在福建马尾开办的马尾造船厂附设的福建船政学堂，堪称中国近代第一所职业技术学校。同治六年（1867年）又开设了船政局、铁路学堂、商务教育、蚕商学堂、农林学堂，虽然有这么多的职业技术教育机构，但还是没有"职业技术教育"这个名称。

　　"职业技术教育"一词最早出现在清光绪三十年（1904年）姚文栋的《山西农务公牍》中："论教育原理与国民最有关系者，一为普通教育，一为职业技术教育。"光绪二十八年（1902年），中国近代职业技术教育才被正式列入学制，这一年清政府颁布了张百熙拟定的《钦定学堂章程》，第一次产生了中国近代法定的学制体系，称为"壬寅学制"。其中规定了一套比较系统的职业技术教育制度，当时称之为"实业教育"。共分三级：与高等小学平行的简易实业学堂，学制三年；与中等学堂平行的中等实业学堂，学制四年；与高等学堂平行的高等实业学堂，学制五年。并在普通中学堂开设实业科，相当于现在的劳动技术课。光绪二十九年（1903年），张百熙、张之洞、荣庆等人重新拟定《奏定学堂章程》，产生了"癸卯学制"，把实业教育分为三级三类，三级为：初级实业学堂，学制四年；中等实业学堂，学制五年，分为本科和预科，本科相当于现在的大专班，预科相当于现在的职业高中班；高等实业学堂，学制三至四年。三类为：正式实业学堂；补习实业学堂；实业师范。虽然这在中国职业技术教育史上是个进步，但其范围只包括农、工、商、教，况且办学的指导思想仍然是"学而优则仕"，重点仍在于通过职业技术教育系统培养"道义兼通""文武兼通""内外兼通"的统治"通才"，毕业后按科举等级给予奖励出身和相应的官职。在这一学制中，职业技术教育的地位极为低下，小学手工课被称为"任意科"。清朝末年对各种力量为农、工、商、矿等实业所举办的实业学堂，通称"实业教育"。

## 第三节　民国时期

该时期职业技术教育思想是清末以来我国近代教育思潮继承与发展的结果，也是我国近代职业技术教育思想的起源，更是我国职业技术教育进入近代化启程的一个重要标志。

### 一、民国时期职业技术教育思想的体系构成

（1）民国时期职业技术教育的价值取向——"平民生计教育"的思想，以培养学生的生存与生活能力为旨归。

（2）民国时期职业技术教育的对象与内容选择——"平民教育"，除继承清末实业教育的农业、工业、商业、商船四类专门学校以外，还增设医科、教育、法科等更加全面的专门学校。

（3）民国时期职业技术教育的方法体系——"工读结合"的教育思想，强调读书与劳动相结合，教育与生产相结合，知识分子与工农阶层相结合。在课程设置上以学生将来的就业方向为导向，注重学生实践操作能力的训练，不断增强学生在劳动力市场中的竞争优势。

### 二、民国时期职业技术教育体系的演变

（一）实业教育的改革

1912年9月，临时政府教育部颁布了新学制"壬子学制"。新学制公布后至1913年，教育部又陆续制定并颁布了《专门学校令》《实业学校令》和《实业学校规程》等法规。这些法规与"壬子学制"相互补充，成为一个更适应当时社会经济发展需要的学制体系，后来通称为"壬子癸丑学制"。

专门学校招收中学毕业生或有同等学力者，修业年限均为4年，即本科3年、预科1年，可设研究科，研究科规定为1年。专门学校在培养目标、科目或课程设置、教学内容和学生就业等方面已经具备了现代

高职教育的特征。

"实业学校以教授农工商业必须之知识技能为目的"。实业学校分甲、乙两种，分别与高等中学和高等小学平行。甲种实业学校预科1年，本科3年；乙种实业学校3年。从甲种和乙种实业学校在整个学制中的位置来看，相当于现代社会的中等职业学校和初等职业学校。

（二）职业技术教育的兴起

1922年11月，北京政府颁布了《学校系统改革案》大总统令，即"壬戌学制"。"壬戌学制"建立了自成体系的、从初级到高级的职业技术教育系统，用职业技术教育制度取代了清末的实业教育制度，第一次确定了职业技术教育在学制中的地位。这一学制虽未明确具体的职业技术教育宗旨，但是已经体现了平民教育思想和职业技术教育思想的精神。

（三）职业技术教育的发展

1927年4月，国民政府迁都南京，教育体系基本承袭了"壬戌学制"，但对职业技术教育有所调整。1928年5月15日，国民政府成立后的第一次全国教育会议在南京召开。会议通过了《整理"中华民国"学校系统案》，即"戊辰学制"。"戊辰学制"关于职业技术教育方面的规定有：除了在普通高中设置职业科外，也可独立分设各科职业学校，修业年限各为3年，另在小学增设职业科目。1931年2月，国民党中央执行委员会议决通过了《确立教育目标与改革教育制度案》，将现有的农、工、商等高中改为职业学校。1932年12月，国民政府公布了《小学法》《中学法》《师范学校法》及《职业学校法》，采取了普通科、职业科与师范科分校设置的办法,从而使"壬戌学制"向综合中学制改变,突出了职业技术教育的地位。1933年又颁布了《职业学校规程》等四种相应的学校规程,对前述各"学校法"作了增补,这样便产生了"1932—1933年学制"。

"1932—1933年学制"与"壬戌学制"在职业技术教育方面是有一定区别的。其具体表现,一是职业技术教育自成系统,职业学校成为职业技术教育的主要承担者,以单科设置为主;二是职业技术教育实施形式日趋多样,有职业学校,职业学校内设各种补习班、各种短期培训班等。

从1912年到1949年的学制演变中可以看出,职业技术教育在学制中的地位从1912年的旁系发展到1922年的正系,到1926年又回归旁系。这并不是简单的重复,而是一种螺旋式的上升发展,最终为现代职业技术教育体系奠定了框架基础。民国时期的职业技术教育思想在实践中不断丰富,成为改造传统教育思想的一股新生力量,对我国现代职业技术教育思想的发展有很大的启示。

# 第二章　职业技术教育的健康发展

## 第一节　中华人民共和国成立时期

1949年至1978年，职业技术教育体系逐步确立，以中职为主体的职业技术教育体系逐步规范化和制度化。当时的政府部门以及相关国家领导已经意识到职业技术教育的重要价值，在全社会普遍开展了职业技术教育，诸如职业高中、中专教育以及技工教育体系等，而且结合当时人民的实际生活情况，还特意推行了"半工半读制度"，此制度的制定为很多工人和农民提供了学习专业知识和技能的机会。很多人都在接受职业技术教育之后成了新中国建设与发展工作中的中坚力量，成为一名合格的新中国建设者。

1949年12月，中华人民共和国第一次全国教育工作会议召开，会议指出要逐步改革旧教育体系中存在的普通中学与职业技术教育比例严重失调的问题，从而创办了最早的职业技术教育——中等专业教育。这个时期是中国职业技术教育基本制度建立时期。在1951年召开了第一次中国中等教育会议，强调了对中等技术学校采取整顿和积极发展的方针。1952年3月，政务院（今国务院）公布《关于整顿和发展中等技术教育的指示》，明确指出培养技术人才是国家经济建设的必要条件。同年7月，教育部颁发了《中等技术学校暂行实施办法》（以下简称《办法》），在《办法》中规定了中等技术学校的任务。1953年，当时的高等教育部印发了《关于中等技术学校设置专业原则的通知》（以下简称《通知》），《通知》中提出，中等专业学校设置专业力求集中单一。1954年4月，劳动部颁布了《技工学校暂行办法》，规定了产业管理部门应根据各部门对于技工的需要来设立技工学校，并按照国家批准的技工培养计划进行培养。随后在下发的其他草案中进一步明确了技工学校是国家教育事业的组成部分。同年9月，为进一步改革和发展中等专业教育，建立技工教育制度，兴办技工学校，以培养国家需要的技术工人。1956年，由于各行各业对专业人才的需求与日俱增，中共中央提出了"两条腿走路"的办学方针，加快了人才培养的速度。在1958年"教育革命"中，职业技术教育有了突飞猛进的发展，形成了中华人民共和国成立后的第一次高潮。同年9月，中共中央、国务院公布《关于教育工作的指示》，提出"教育必须为无产阶级政治服务，必须同生产劳动相结合"的方针。1960年，中国职业学校超常发展的势头得到了中共中央、国务院的重视，于是在1961年，教育部确定了压缩职业技术教育规模的方针。是年7月、12月，教育部两次召开全国高、中等学校调整工作会议。

然而，在对职业学校做出大规模调整之后，普通教育与职业技术教育出现不均衡现象。因此，1963年中共中央在《关于讨论试行全日制中小学工作条例草案和对当前中小学教育工作的几个问题的指示》中指出，要认真贯彻执行普通教育与职业技术教育并举的"两条腿走路"的方针。同年3月，中共中央宣传部在《关于调整初级中学和加强农业、工业技术教育的初步意见（草稿）》中明确指出，应积极设法恢复被停办的技术学校，举办为农业生产服务的各类技术学校。截止到1965年，中国职业技术教育取得了长足进步，共建立了中等专业学校1265所，在校生54.74万人；技工学校281所，在校生10.1万人；职业中学61626所，在校生443.34万人。这个时期，我国职业技术教育的发展主要是基于大规模经济建设对技术人才的迫切需求，是在对中国早期职业技术教育进行改造整合和对苏联职业技术教育经验的学习借鉴基础上进行的。后来，由于"文革"的发生，大量的职业学校被迫关闭，职业技术教育事业受到很大削弱，职业技术教育和普通教育严重失调，这对中国经济发展和社会进步产生了消极的影响。直至1971年全国教育工作会议召开，在各界的强烈要求下，国务院有关部委和地方纷纷着手恢复举办中等专业学校和技工学校。1971年至1976年，中等技术学校、中等师范学校和技工学校都逐步得到恢复。

## 第二节　改革开放初期

1978年至2000年，职业技术教育体系调整壮大。自党的十一届三中全会以来，社会对人才的需求日趋多元化。1978年，中国国家教育工作会议明确指出，"教育必须为社会主义现代化服务"。这一时期，"调整中等教育结构、发展职业技术教育"被提到政策制定的日程上来。同年2月，国家劳动总局制定了《技工学校工作条例》，使技工教育日渐走向健全。当时一些工业比较发达的地区和城市开始创办职业大学，并与高等专科学校慢慢融合在一起，后来逐步发展成具有特色的高等职业学校。当时，我国的职业技术教育真正与高等教育连接在了一起，成了国家培养优质技术人才的重要阵地。职业技术教育与高等教育的教学目标和人才培养目标是不尽相同的，职业技术教育会更加偏向于学生的实践能力和专业技能的培养，并且更加针对社会各行业的实际需求，当然这也是党和国家给予职业技术教育的定位。随着时间的推移，我国的职业技术教育总体结构变得越来越合理，质量也得到了非常大的提高。

1979年进入改革开放时期，在五届全国人大二次会议的政府工作报告中指出："中等教育要有计划地多举办各种门类的中等职业技术教育。"从此，职业技术教育开始获得巨大的发展活力。同年9月，国家经委、国家劳动总局印发《关于进一步搞好技术培训工作的通知》，此后技术培训工作在各地开展起来。1980年，"职业技术教育"概念第一次被国家正式使用，国家开始对全国中等教育结构进行调整，重点是大力发展职业技术教育。同年8月，根据中共中央《关于转发全国劳动就业会议文件的通知》，各地开始有规模地兴办职业中学。同年11月，教育部公布《关于全日制中等专业学校领导管理体制的暂行规定》，对中专学校实行分工分级、按系统归口管理的制度。同年12月，作为中专教育调整、整顿工作的一项重要内容，教育部提出对1963年的专业目录进行修订。1981年2月，根据国家颁布的政策，有计划的全员培训在全国展开，这对技工教育和职业培训产生了深远的影响。1983年4月，国务院在《关于加速发展高等教育的报告》中指出要积极举办短期职业大学。至1983年5月，中国形成了行业企业、劳动等部委、教育部门共同举办中等职业学校的格局。1985年，中共中央明确提出，"调整中等教育结构，大力发展职业技术教育""逐步建立起一个从初级到高级行业配套、结构合理又能与普通教育相互沟通的职业技术教育体系"。1986年，各部门联合在北京召开全国职业技术教育工作会议，并在会议中指出职业技术教育需要解决的问题，确定了"七五"期间（1986—1990年）中国职业技术教育的发展目标。1987年1月，国务院办公厅在转发的《关于全国职业技术教育工作会议情况报告》中指出中国职业技术教育发展形势良好，并且针对"七五"期间中国职业技术教育的发展提出了明确的任务和重要的举措。同年8月，原国家教委印发了《全国中专教改座谈会纪要》，明确指出中专教育要更好地为社会主义现代化建设服务。

进入20世纪90年代之后，为满足经济发展对职业技术人才的需要，国家制定一系列法规和政策以确保职业技术教育快速发展。20世纪90年代初，一个具有中国特色的从初等到高等的职业技术教育体系框架初步形成。同时，国家对社会力量办学采取"积极鼓励，大力支持，正确引导，加强管理"的方针。1991年，国家做出批示，"要高度重视职业技术教育的战略地位和作用，积极贯彻大力发展职业技术教育的方针"。1993年，中共中央、国务院指出："职业技术教育是现代教育的重要组成部分，是工业化和生产社会化、现代化的重要支柱。"1994年3月，原国家教委颁布《关于普通中等专业学校招生和毕业生就业制度改革的意见》，中国的职业技术教育开始面向社会、面向市场。1996年1月，国务院学位办公室公布了《关于加强中外合作办学活动中学位授予管理的通知》，中外合作办学步入了依法办学、依法管理的轨道，职业技术教育与职业培训的对外开放获得了有力的政策支持。同年5月,《中华人民共和国职业技术教育法》正式颁布,该法明确了职业技术教育在国民经济和社会发展以及国民教育体系中的地位与作用,确立了职业技术教育的法律地位。同年11月,技工学校的招生对象进一步放宽,可进行跨区域招生。1997年10月,国务院颁布了《社会力量办学条例》,标志着民办教育进入了一个有章可循的相对规范时期。1998年2月,原国家教委出台了《面向21世纪深化职业教育教学改革的原则意见》,指出职业技术教育要培养同21世纪我国社会主义现代化建设要求相适应的应用型人才。同年8月,法律上明确了高等职业学校隶属高等职业技术教育。1999年,提出"积极发展包括普通教育和职业技术教育在内的高中阶段教育""大力发展高等职业技术教育"。

## 第三节 进入21世纪

该时期在继续扩大职业技术教育规模的过程中,通过项目引导改善办学条件,规范办学行为,提高办学质量,出现了一批比较有影响力的高职校院。

进入21世纪之后,现实的经济建设需要一大批懂得现代技术和管理的职业技术人才,中国的职业技术教育越来越得到党中央、国务院的重视。自2000年以来,国家通过颁布政策来提高职业技术教育在中国教育体系中的地位,强化职业技术教育在经济发展和教育体系中的战略地位。2000年1月,在《教育部关于加强高职高专教育人才培养工作的意见》(以下简称《意见》)中归纳了高职高专教育人才培养模式的基本特征。同年3月，中等职业学校的培养目标得到进一步明确。同年7月，国家民委、教育部提出关于少数民族地区职业技术教育的发展方向。2001年10月，教育部印发相关《意见》，指出要深化中等职业技术教育改革，并对开展综合课程教育提出了客观要求。中国21世纪第一部关于职业技术教育的指导性政策于2002年8月出台，教育部等部门也制定了一系列政策与之相配套。这些政策体现了职业技术教育在社会主义现代化建设中的重要地位，明确了"十五"期间（2001—2005年）职业技术教育改革与发展的目标。为中国近年来职业技术教育在新时期的主要任务定下了基调，为其未来的发展确定了基本的路线。2003年，劳动和社会保障部强调加快建立以职业能力为导向，以工作业绩为重点，注重职业道德和职业知识水平的技能人才评价新体系。2004年，经国务院批准，教育部与国务院有关部委再次召开全国职业技术教育工作会议，制定了《教育部等七部门关于进一步加强职业技术教育工作的若干意见》，对推进职业技术教育在新形势下快速、持续、健康发展提出了一系列政策措施。2004年1月，《中华人民共和国民办教育促进法实施条例》施行，体现了"保障"与"规范"相结合的原则。同年6月，七部委联合印发了《关于进一步加强职业教育工作的若干意见》，提出了一系列政策和措施来推进职业技术教育在新形势下快速、持续、健康发展。2005年2月，对于加快中等职业技术教育，教育部制定意见，提出政策性建议。11月召开了全国职业技术教育工作会议，时任总理温家宝在会上发表了重要讲话，提出要把职业技术教育作为经济社会发展的重要基础和教育工作的战略重点，大力发展有中国特色的职业技术教育。这次会议进一步明确了"十一五"期间（2006—2010年）我国职业技术教育改革发展的指导思想、目标任务和政策措施,是我国职业技术教育发展史上新的里程碑。教育部 2006 年 16 号文件《关于全面提高高等职业教育教学质量的若干意见》以及 2011 年 12 号文件《教育部关于推进高等职业教育改革创新引领职业教育科学发展的若干意见》印发,开始了国家示范和国家骨干高职学院等项目的建设,先后有 200 余所高职院校成为国家示范或国家骨干高校。2014 年,国务院、教育部等部门陆续印发多项政策,如《国务院关于加快发展现代职业教育的决定》《教育部关于开展现代学徒制试点工作的意见》,目的是加快现代职业技术教育体系建设,构建现代职业技术教育体系,全面提升技术技能人才的培养能力和水平,促进现代职业技术教育体系积极转变。2015 年,教育部出台《高等职业教育创新发展行动计划(2015—2018 年)》,通过三年建设,促使高等教育结构优化的成效更加明显,以期推动现代职业技术教育体系的日臻完善。

## 第四节 在党的十九大召开以后

党的十九大召开以后,我国正式进入中国特色社会主义发展与建设的新时代,我国的职业技术教育也随之迎来了发展的黄金时期,高职教育成了国家和政府的重点关注对象,现代化的职业技术教育成了国家发展职业技术教育的重要方向。

近些年,我国职业院校毕业的学生数量逐年递增,专业能力逐渐增强,这都与职业院校整体的发展与教学质量的提升有着紧密的关系。2014 年国务院在《关于加快发展现代职业教育的决定》首次提出了"本科层次职业教育"概念。2019 年,《国家职业教育改革实施方案》

颁布"职教 20 条"，为职教新政的逐步出台拉开了序幕，《通知》中将职业教育提高到"没有职业教育现代化就没有教育现代化"的关键地位，由此可见国家对职业教育深化改革之决心。同年，国家先后出台了《国家职业教育改革实施方案》《加快推进教育现代化实施方案（2018—2022 年）》《关于实施中国特色高水平高职学校和专业建设计划的意见》《高职扩招专项工作实施方案》等一系列支持本科职业技术教育发展的政策，强调鼓励多层次、多元化办学，强调企业在办学中的作用，支持社会各类主体参与职业技术教育。同时要积极推动教师队伍建设、职业技术教育结构布局、人才培养、产教融合、技能提升、职业培训等方面的发展，建设多元办学格局，集中力量建成一批具有中国特色的高水平职业院校和专业，从而促进职业技术教育快速提升。

2021 年 4 月 13 日在全国职业技术教育大会中，习近平总书记对职业技术教育工作又做出了重要指示。发展"职业本科教育"是我国大力推进职业技术教育发展改革的重要举措，肩负着培养高层次技术技能人才的重任，同时是"加快构建现代职业技术教育体系，培养更多高素质技术技能人才、能工巧匠、大国工匠"的迫切需要。教育部在《本科层次职业教育专业设置管理办法（试行）》中对本科层次职业技术教育的专业设置提出要求，在《本科层次职业学校设置标准（试行）》中对本科层次职业技术教育的办学要求等方面提出要求。同年 9 月，国务院颁布《关于推动现代职业教育高质量发展的意见》，文件从多角度体现推动现代职业技术教育高质量发展的要求。自 2019 年以来，全国已有 17 个省市启动了本科层次职业技术教育试点工作，高职院校升格为本科层次职业学校的已达 22 所。

# 第三篇　基础技术人员生存现状及社会认可度调查

为查明新时期基础技术人员的生存现状和社会认可程度，在全国范围内，针对当代基础技术人员现状、基础技术人员社会认可度、基础技术人员教育模式现状等方面进行了问卷调查，现将调查结果进行汇总。

表 3-1　基础技术人员生存现状调查参与人员性别比重

| 选项 | 小计（人） | 比例 |
| --- | --- | --- |
| 男 | 544 | 41.43% |
| 女 | 769 | 58.57% |
| 本题有效填写人次 | 1313 | |

通过问卷调查的形式获取了全国范围内基础技术人员的生存现状及社会认可程度。此次收集有效问卷调查共 1313 人，调研有效填写人数中女性占有较大比重，具体表现为：男性共 544 人，占总人数的 41.43%；女性共 769 人，占总人数的 58.57%。

调查问卷的发放对象以青壮年劳动力人口为主（表 3-2），具体表现为：年龄段位于 20 岁及以下区间内共计 180 人，占总人数的 13.71%；年龄段位于 21—30 岁区间内共计 564 人，占总人数的 42.96%；年龄段位于 31—40 岁区间内共计 237 人，占总人数的 18.05%；年龄段位于 41—50 岁区间内共计 254 人，占总人数的 19.35%；年龄段位于 51 岁及以上区间内共计 78 人，占总人数的 5.94%。从表 3-2 中可以看出，年龄段位于 21—30 岁区间的青年人群是受访人群中数量最多的年龄阶级，该结论比较客观地反映出当前适龄从业人员对于基础技术人员生存现状及社会地位的认知。

表 3-2 受访者年龄结构

| 选项 | 小计（人） | 比例 |
| --- | --- | --- |
| 20 岁及以下 | 180 | 13.71% |
| 21~30 岁 | 564 | 42.96% |
| 31~40 岁 | 237 | 18.05% |
| 41~50 岁 | 254 | 19.35% |
| 51 岁及以上 | 78 | 5.94% |
| 本题有效填写人次 | 1313 | |

在本次调研受访者的学历中，本科及以上学历的受访者占有较大比重，比重为 58.57%；中学及以下学历的受访者占比最小，比重仅有 10.66%。具体表现为：中学及以下学历的受访人数共计 140 人，占总人数的 10.66%；中专技校学历的受访人数共计 160 人，占总人数的 12.19%；大专高职学历的受访人数共计 244 人，占总人数的 18.58%；本科及以上学历的受访人数共计 769 人，占总人数的 58.57%（表 3-3）。

表 3-3 受访者学历结构特征

| 选项 | 小计（人） | 比例 |
| --- | --- | --- |
| 中学及以下 | 140 | 10.66% |
| 中专技校 | 160 | 12.19% |
| 大专高职 | 244 | 18.58% |
| 本科及以上 | 769 | 58.57% |
| 本题有效填写人次 | 1313 | |

在本次调研受访者从事的职业中，未就业学生占有较大比重，比重为36.71%；企业（公司）管理人员占比最小，比重仅有5.94%。具体表现为：职业为基础技术人员的人数共计224人，占总人数的17.06%；职业为非基础技术从业人员的人数共计196人，占总人数的14.93%；职业为企业（公司）管理人员的人数共计78人，占总人数的5.94%；职业为未就业学生的人数共计482人，占总人数的36.71%；从事其他职业的人数共计333人，占总人数的25.36%（表3-4）。

表 3-4 受访者从事的行业结构

| 选项 | 小计（人） | 比例 |
| --- | --- | --- |
| 基础技术人员 | 224 | 17.06% |
| 非基础技术从业人员 | 196 | 14.93% |
| 企业（公司）管理人员 | 78 | 5.94% |
| 未就业学生 | 482 | 36.71% |
| 其他 | 333 | 25.36% |
| 本题有效填写人次 | 1313 | |

# 第一章 基础技术人员生存现状分析

通过问卷调查的方式对基础技术人员进行调研，收集有效问卷调查共224份，结果（表3-5）表明：通过本科及以上的教育形式获得基础技术技能占比较大，比重为41.96%；通过中专技校的教育形式获得工程技能占比最小，比重为14.73%。具体表现为：通过本科及以上的教育形式获得基础技术技能的受访者人数为94人，占总人数的41.96%；其次是通过约定的学徒形式和大专高职院校教育获得自己较满意的技术技能，两者的受访者人数分别为49人和48人，分别占比21.88%和21.43%；而通过中专技校教育获得技术技能受访人群所占的比例最小，受访者人数为33人，即仅有14.73%的受访者表示其技术技能主要通过中专技校教育获得。

表3-5 受访者获得技术技能的途径比重

| 选项 | 小计（人） | 比例 |
| --- | --- | --- |
| 学徒制 | 49 | 21.88% |
| 中专技校 | 33 | 14.73% |
| 大专高职 | 48 | 21.43% |

续表

| 选项 | 小计（人） | 比例 |
|---|---|---|
| 本科及以上教育 | 94 | 41.96% |
| 本题有效填写人次 | 224 | |

就本次调研受访者的薪资方面的研究显示（表3-6）：受访对象中，薪资在8000元以上区间的受访者最多，共计83人，占总人数的37.05%；薪资水平在5000~8000元区间的受访者共计64人，占总人数的28.57%；薪资水平在3000~5000元区间的受访者共计45人，占总人数的20.09%；薪资水平在3000元以内区间的受访者最少，共计32人，占总人数的14.29%。调查结果显示，基础技术人员的平均薪资水平普遍高于区域平均水平及国家最低工资标准，但并不能达到当地较高的收入水平。

表3-6 受访者薪资收入水平特征

| 选项 | 小计（人） | 比例 |
|---|---|---|
| 3000元以内 | 32 | 14.29% |
| 3000~5000元 | 45 | 20.09% |
| 5000~8000元 | 64 | 28.57% |
| 8000元以上 | 83 | 37.05% |
| 本题有效填写人次 | 224 | |

就本次调研受访者对该职业前景方面的看法的研究结果表明，大多数受访者认为基础技术人员的职业前景是十分广阔的，仅有一小部分受访者认为该职业前景不明朗。具体表现为：受访对象中认为基础技术人员这个职业前景广阔的人数共计834人，占总人数的63.52%；认为该

职业前景一般的人数共计337人，占总人数的25.67%；认为该职业前景黯淡的人数共计61人，占总人数的4.65%；认为该职业前景难以言状的人数共计81人，占总人数的6.17%（表3-7）。

表3-7 基础技术人员对个人前景的认知情况

| 选项 | 小计（人） | 比例 |
| --- | --- | --- |
| 前景广阔 | 834 | 63.52% |
| 前景一般 | 337 | 25.67% |
| 前景黯淡 | 61 | 4.65% |
| 难以言状 | 81 | 6.17% |
| 本题有效填写人次 | 1313 | |

就本次调研受访者对该职业的满意度方面的研究结果表明，绝大多数受访者对基础技术人员这个职业还是比较满意的。具体表现为：受访对象中对该职业满意度很高的人数共计603人，占总人数的45.93%；对该职业满意度一般的人数共计568人，占总人数的43.26%；对该职业满意度较低的人数共计79人，占总人数的6.02%；认为该职业难以言状的人数共计63人，仅占总人数的4.80%（表3-8）。

表3-8 基础技术人员的从业满意度情况

| 选项 | 小计（人） | 比例 |
| --- | --- | --- |
| 很高 | 603 | 45.93% |
| 一般 | 568 | 43.26% |
| 较低 | 79 | 6.02% |
| 难以言状 | 63 | 4.80% |
| 本题有效填写人次 | 1313 | |

就基础技术人员的贡献方面（表 3-9），在现有的从事基础技术相关工作人员中：有 75.32%受访者对现在的工作贡献很大，共计 989 人；有近 16.83%的受访者对现在的工作贡献一般，共计 221 人；而 3.43%的受访者对现在的工作贡献较小，共计 45 人；还有约 4.42%的受访者对现在的工作贡献难以言状，共计 58 人。

表 3-9 全体受访者对于基础技术人员社会贡献的认知情况

| 选项 | 小计（人） | 比例 |
| --- | --- | --- |
| 贡献很大 | 989 | 75.32% |
| 贡献一般 | 221 | 16.83% |
| 贡献较小 | 45 | 3.43% |
| 难以言状 | 58 | 4.42% |
| 本题有效填写人次 | 1313 | |

# 第二章 基础技术人员社会认可度

通过对于全国不同地区基础技术人员社会认可程度的调查分析发现，在当今社会各个群体中，有约94%的人对基础技术人员的社会地位较为认可，其中75.32%的人认为基础技术人员对社会发展贡献很大，但也有大约20.26%的受访者认为基础技术人员的贡献一般或较少（表3-10）。前期对224位工程技术人员的问卷调研结果显示：有84.82%的基础技术人员表示愿意继续从事该职业，仅有15.18%的受访者表示不愿意继续从事基础技术相关专业，这表明大多数基础技术人员对自身职业相对认可。

表 3-10 基础技术人员社会认可程度

| 选项 | 小计（人） | 比例 |
| --- | --- | --- |
| 贡献很大 | 989 | 75.32% |
| 贡献一般 | 221 | 16.83% |
| 贡献较小 | 45 | 3.43% |
| 难以言状 | 58 | 4.42% |
| 本题有效填写人次 | 1313 | |

在择业时，考虑成为基础技术人员的主要原因有：

(1) 对基础技术专业及相关行业感兴趣；

(2) 学业欠佳，达不到其他专业的录取要求；

(3) 基础技术行业收入合理；

(4) 受父母或亲戚职业的影响。

由表 3-11 可知：因为对基础技术专业及相关行业感兴趣而考虑成为基础技术人员的人数共计 434 人，占总人数的 65.36%；因为学业欠佳，达不到其他专业的录取要求而考虑成为基础技术人员的人数共计 204 人，占总人数的 30.72%；因为基础技术行业收入合理而考虑成为基础技术人员的人数共计 320 人，占总人数的 48.19%；因为受父母或亲戚职业的影响而考虑成为基础技术人员的人数共计 115 人，占总人数的 17.32%；除以上原因外而考虑成为基础技术人员的人数共计 85 人，占总人数的 12.80%。

表 3-11 基础技术人员职业选择的驱动因素

| 选项 | 小计（人） | 比例 |
| --- | --- | --- |
| 对这方面职业感兴趣 | 434 | 65.36% |
| 学业欠佳，达不到其他专业的录取要求 | 204 | 30.72% |
| 收入较为合理 | 320 | 48.19% |
| 受父母或亲戚职业的影响 | 115 | 17.32% |
| 其他 | 85 | 12.80% |

在择业时，不愿意选择成为基础技术人员的主要原因有：

(1) 对基础技术专业及相关行业不感兴趣，而且觉得辛苦；

(2) 受家庭因素的影响，父母不太同意；

(3) 基础技术行业收入较低；

(4) 基础技术人员及相关工作社会地位较低。

由表 3-12 可知：因为对基础技术专业及相关行业不感兴趣，觉得辛苦而不愿意选择成为基础技术人员的人数共计 179 人，占总人数的 42.52%；因为受家庭因素的影响，父母不太同意而不愿意选择成为基础技术人员的人数共计 135 人，占总人数的 32.07%；因为基础技术行业收入较低而不愿意选择成为基础技术人员的人数共计 70 人，占总人数的 16.63%；因为基础技术人员及相关工作社会地位较低而不愿意选择成为基础技术人员的人数共计 66 人，占总人数的 15.68%；除以上原因外而不愿意选择成为基础技术人员的人数共计 125 人，占总人数的 29.69%。

表 3-12 基础技术人员职业选择的制约因素

| 选项 | 小计（人） | 比例 |
| --- | --- | --- |
| 工作辛苦 | 179 | 42.52% |
| 工资太低 | 70 | 16.63% |
| 社会地位太低 | 66 | 15.68% |
| 家庭因素 | 135 | 32.07% |
| 其他 | 125 | 29.69% |

# 第三章 基础技术人员技能掌握情况与社会需求契合性

## 第一节 基础技术人员所学技能与实际社会需求的匹配度

对于当前基础技术人员入职前所具有的技能与实际工作需求之间的匹配度的调研结果（表3-13）显示，在读学生群体中，有57.05%的受访者表示，在现今教育模式培养下，自己所获得的技能与未来所从事的行业需求间的匹配程度较为一般，只有19.51%的受访者认为非常匹配，15.56%的受访者认为不匹配，自己在校所学的技能难以满足今后职场的需求。

表3-13 基础技术人员入职前所学技能与其实际工作需求匹配度

| 选项 | 小计（人） | 比例 |
| --- | --- | --- |
| 非常匹配 | 94 | 19.51% |
| 一般 | 275 | 57.05% |
| 不匹配 | 75 | 15.56% |

续表

| 选项 | 小计（人） | 比例 |
|---|---|---|
| 难以言状 | 38 | 7.88% |
| 本题有效填写人次 | 482 | |

而对于已参加工作的基础技术人员，调查结果（表3-14）显示，有50.57%的受访者表示自己此前在学校学习到的技能与工作后的市场需求间的匹配度一般，只有26.81%的基础技术人员认为非常匹配，19.19%的基础技术人员认为不匹配。调研的结果显示，当前学校的技能培训并不能完全匹配现实工作市场的需求，为此各类学校的技能培养课程需要进一步的调整及更新。

表3-14 基础技术人员（入职后）所学技能与其实际工作需求匹配度

| 选项 | 小计（人） | 比例 |
|---|---|---|
| 非常匹配 | 352 | 26.81% |
| 匹配度一般 | 664 | 50.57% |
| 不匹配 | 252 | 19.19% |
| 难以言状 | 45 | 3.43% |
| 本题有效填写人次 | 1313 | |

## 第二节 基础技术人员所学技能熟练程度

当前基础技术人员所学技能熟练程度的调研结果（表3-15）显示，在本次调研受访者中，认为所学技能熟练程度较高的人数共计309人，占总人数的 23.53%；认为所学技能熟练程度一般的人数共计 648 人，占总人数的 49.36%；认为所学技能熟练程度较低的人数共计 297 人，占总人数的 22.62%；认为所学技能熟练程度难以言状的人数共计 59 人，占总人数的 4.49%。调研的结果表明，当前学校的技能培训并不能被学生完全接受，各类学校的技能培养课程需要进一步的调整及更新才能更好地提高学生所学技能的熟练程度。

表 3-15 基础技术人员所学技能的熟练程度

| 选项 | 小计（人） | 比例 |
| --- | --- | --- |
| 熟练程度较高 | 309 | 23.53% |
| 熟练程度一般 | 648 | 49.36% |
| 熟练程度较低 | 297 | 22.62% |
| 难以言状 | 59 | 4.49% |
| 本题有效填写人次 | 1313 | |

## 第三节 当前基础技术人员市场供需情况调查

在针对基础技术人员的就业情况调查中发现，当前基础技术人员市场供需情况还未达到一个稳定的平衡状态。在本次调研中，从表 3-16 看出有 35.42% 的受访者表示当前教育模式下培养出来的基础技术人员数量多于就业市场需求量，有 34.73% 的受访者表示当前教育模式下培养出来的基础技术人员不能满足现有的市场需求，其余人觉得市场需求供求平衡或难以言状。目前的调研结果显示，当前基础技术人员的培养与社会市场需求之间存在一定的差距，市场对于优秀的基础技术人员需求较大，而对于技能不足的基础技术人员需求较小。

表3-16 从业者对于基础技术人员社会需求情况的认知

| 选项 | 小计（人） | 比例 |
| --- | --- | --- |
| 供大于求 | 465 | 35.42% |
| 供不应求 | 456 | 34.73% |
| 供求平衡 | 193 | 14.69% |
| 难以言状 | 199 | 15.16% |
| 本题有效填写人次 | 1313 | |

# 第四篇 我国技术教育的空间发展格局特征

我国的职业技术教育可简单分为中等职业技术教育（中职）和高等职业技术教育（高职）。通过对我国中职与高职院校的官方统计数据的归纳整理与分析，发现自2007年以来，除了2008年略有增加以外，我国中等职业技术教育学校的数量逐年减少，从2007年的14832所减少到2017年的10671所。专任教师数量也总体呈减少趋势，其在2007—2008年和2009—2011年有所增加，在2008年达到最大值89.49万人，2012年以后持续减少。中职的生师比在2007—2010年有所增大，在2010年达到最高值25.69之后持续减少。2007年，我国教育部印发了《关于"十一五"期间加强中等职业学校教师队伍建设的意见》，提出到2010年，全国中等职业学校教师规模要达到130万人的目标，其中生师比要逐步达到16.00∶1左右。然而，直到2017年，中国中等职业技术教育的师资力量仍严重不足，平均生师比例仅为26.00∶1。

与此相反，我国高职学校数量自2007年以来持续增加，2017年共计有1388所高职院校。同时专任教师数也逐年增加，2017年达48.20

万人。高职的生师比呈波动变化趋势，2007—2013年波动降小，在2013年达到最低值17.11后突然增加达到最大值，之后保持平稳。

由此可见，我国目前职业技术教育中，中等职业技术教育各项指标明显呈下降趋势，而高等职业技术教育发展较快，各项指标持续提高。

# 第一章 东部地区职业技术教育资源的空间格局特征

## 第一节 东部地区高职院校空间分布特征

研究中涉及的职业技术教育资源主要是东部地区各省市的高等职业院校①，据统计研究区范围内共有高等职业院校414所，其中北京24所、天津20所、上海21所、广东84所、江苏65所、山东73所、浙江36所、海南12所、福建21所、河北58所。

东部地区高职院校总体分布不均匀，局部集聚。作为研究对象的东部地区高职院校主要集中在北京市、天津市、石家庄市、济南市以及长三角、珠三角地区，而其他高职院校零散分布在各省地级市。基于核密度分析法，研究得出我国东部地区高等职业技术院校的高密度区主要是京津唐、长三角及珠三角等经济水平较高的地区。

---

① 数据选取了东部沿海地区的10个省份进行缓冲区以及密度分析，因港、澳、台地区没有数据，故此未涉及在内。

## 第二节 东部地区中职院校空间分布特征

东部地区是我国经济的领头羊，分布着大量中等职业学校，但是东部地区内部各省市之间也有不小的差距。数据显示，排名前三的省份为河北省（604所）、广东省（444所）、山东省（398所），河北省以绝对的数量超越其他省份成为中等职业学校最多的省。天津市、北京市、海南省、上海市的中等职业学校数量最少，分别有71、86、74、92所。从省际分布可以看出，华北地区的河北省和山东省中职院校分布密度较大，华南地区的广东省也远超周围的福建省和海南省。故而得出，东部地区中职学校主要分布在总人口数量较多的地区。

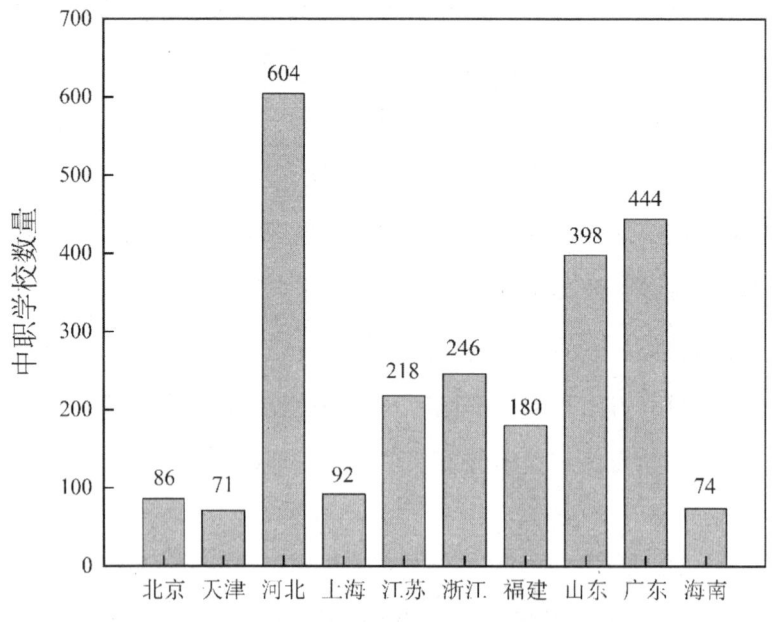

图4-1 东部地区中职学校省际分布数量图（局部）

<<< 第四篇 我国技术教育的空间发展格局特征

中等职业技术教育资源和各省市的人口规模息息相关。经统计，中职学校在每百万人口的比例中河北省排名第一，为 7.99；其他各省市大同小异，处于 2 到 4 之间；江苏省最少，为 2.71。东部经济强省与传统印象中的教育大省不同，中职学校分布密度并不突出，海南省的中职院校数较少，因其人口规模小，使得每百万人口所拥有的中职学校数量远超其他省，为 7.92（图 4-2）。

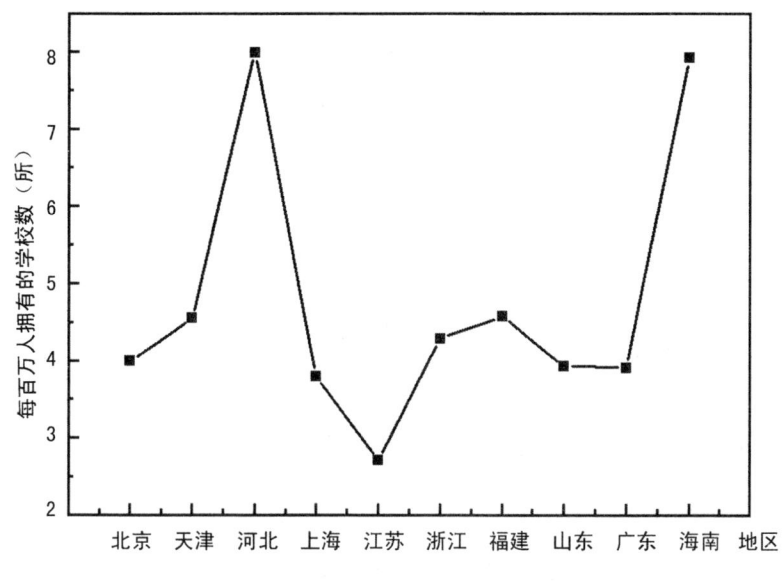

**图 4-2 我国东部地区每百万人拥有的中职学校数**

据图 4-3 统计数据显示，我国中等职业学校的学生数量近年来连续下降。自 2013 年至 2018 年各省中等职业学校的学生数量均呈下降趋势，由于长久以来高校持续扩招，于 2015 年高校入学率达 40%，我国中高职院校的招生因此产生了巨大的冲击，传统观念中对大学教育及高学历的崇拜使高校扩招的同时，学生入读职业院校的驱动力逐渐减少。2009 年为了应对金融危机的冲击，研究生教育开始扩招，面对更高层次教育的吸引力，加上社会对高学历的认可，学生更趋向入读普通高等教育学校，于是九年义务教育之后进入中等职业学校学习不再是学生的优选。中高等普通教育的扩招让更多综合素质较好的学生忽视职业技术教育，目前入读中高职的学生是中国教育分层同级别中基础相对较差的学生，几乎是在初中教育和高中教育之后经中高考筛选没能进入普通高中和本科院校就学的学生，其学习能力和学习习惯相对较差。就学生素质而言，职业院校部分学生作风散漫，所以如何提高我国职业技术教育水平面临诸多问题，职业技术教育逐渐陷入了恶性循环之中。

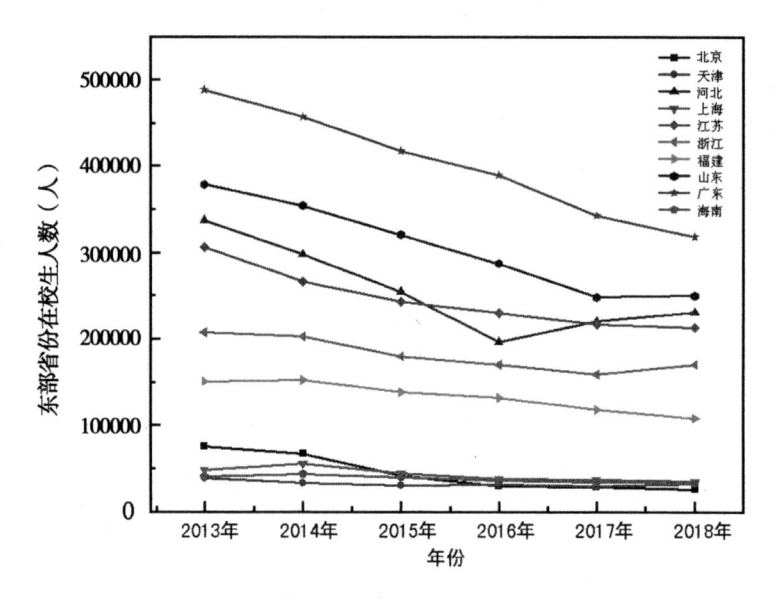

图 4-3 我国东部地区各省市 2013—2018 年招生数量

中职学校的构成以地方公立学校为主。我国的中等职业学校（机构）主要分为三类，分别是中央部门办学校、地方公办学校和民办学校。由图 4-4 看出，中央部门办学校的占比在中等职业学校（机构）中几乎可以忽略不计，地方公办学校在普通中专占比可达 74.35%；在成人中专中的占比高达89.61%；在职业高中的比例则是69.40%。通过柱状图我们可以直观地看到地方公办学校在中等职业学校（机构）的办学中起着举足轻重的地位。民办学校在三类学校中的占比依次是25.11%、10.30%以及30.49%，在我国中职院校（机构）的构成中占有重要的位置。

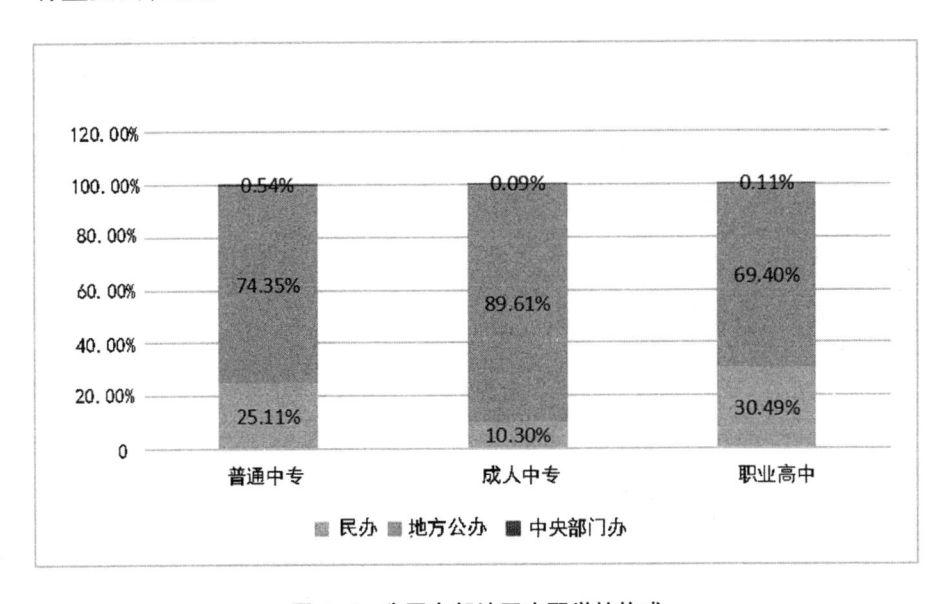

**图 4-4　我国东部地区中职学校构成**

中等职业技术教育资源与区域经济发展水平关系紧密。在众多衡量教育发展水平的指标中师生比是一个重要参数。师生比是指一个教师服务的学生数，师生比反映了各省教育资源配置规模，每位教师所对应的学生数越低，表示教师配置越充足。由表4-1可见，东部十省市中虽然北京市、上海市专任教师绝对数量少，但师生比达到1∶10和1∶13，充足的教师配置意味着其对师资力量的重视。对于海南省、福建省、广东省这样师资力量配置不足的省份，应该加强优秀教师引进，加大对职业技术教育的投资。

表 4-1　东部地区各省市中职院校师生比概况

|  | 北京 | 天津 | 河北 | 上海 | 江苏 | 浙江 | 福建 | 山东 | 广东 | 海南 |
|---|---|---|---|---|---|---|---|---|---|---|
| 教师人数（人） | 6147 | 5839 | 46588 | 8083 | 42518 | 34409 | 16485 | 48269 | 44105 | 4518 |
| 在校生人数（人） | 62299 | 90666 | 724282 | 102575 | 626012 | 526120 | 335832 | 750142 | 867254 | 119241 |
| 师生比 | 1∶10 | 1∶16 | 1∶16 | 1∶13 | 1∶15 | 1∶15 | 1∶20 | 1∶16 | 1∶20 | 1∶26 |

生均办学条件也是衡量教学水平的一个重要指标，以2018年我国东部地区各省市中等职业学校（机构）生均资产情况（学校产权）为例，江苏省的生均绿化用地面积最高（16.76平方米）；河北省是一个人口教育大省，因学生数量众多，生均绿化用地面积不及北京一半，只有5.09平方米；天津市、福建省的生均绿化用地面积也较少。就运动场地面积而言，其他省份在5到7平方米之间，而北京市的生均运动场地面积高达13.13平方米，远超其他的省份。此外，北京和上海在生均图书、生均计算机数、生均教室、生均教学仪器设备资产值等方面远超其他地区（表4-2）。由此可见，职业技术教育生均投资与地区经济发展水平息息相关。

表 4-2　2018年我国东部地区各省市中职院校生均资产分布表

| 地区 | 绿化用地面积（平方米） | 运动场地面积（平方米） | 图书（册） | 计算机数（台） | 教室（间） | 教学仪器设备资产值（万元） |
|---|---|---|---|---|---|---|
| 北京 | 14.62 | 13.13 | 75.62 | 0.89 | 0.08 | 5.12 |
| 天津 | 6.67 | 5.32 | 38.44 | 0.43 | 0.04 | 1.25 |

续表

| 地区 | 绿化用地面积（平方米） | 运动场地面积（平方米） | 图书（册） | 计算机数（台） | 教室（间） | 教学仪器设备资产值（万元） |
|---|---|---|---|---|---|---|
| 河北 | 5.09 | 5.94 | 26.83 | 0.26 | 0.03 | 0.44 |
| 上海 | 11.59 | 6.93 | 60.52 | 0.93 | 0.06 | 4.22 |
| 江苏 | 16.76 | 7.48 | 34.94 | 0.41 | 0.04 | 1.07 |
| 浙江 | 11.61 | 7.31 | 34.16 | 0.37 | 0.03 | 1.02 |
| 福建 | 8.3 | 6.32 | 28.57 | 0.32 | 0.03 | 0.85 |
| 山东 | 11.54 | 7.2 | 30.45 | 0.31 | 0.04 | 0.78 |
| 广东 | 8.75 | 5.34 | 28.59 | 0.38 | 0.03 | 0.9 |
| 海南 | 4.78 | 3.65 | 16.94 | 0.21 | 0.02 | 0.87 |

# 第二章 中部地区职业技术教育的空间分布特征

中部地区选取山西省、河南省、安徽省、江西省、湖北省和河南省共六个省份。2018年，中部地区各省份的常住人口为3.62亿人，约占全国人口的26%。GDP总和为192658万元，约占全国GDP总和的21.30%。由表4-3可见，人均地区生产总值除了湖北省略高于全国平均水平，为66616元以外，其余各省份的人均生产总值均低于全国平均水平，其中山西省人均生产总值最低。由此可见，中部地区经济实力在全国处于中等偏下水平。

表4-3 2018年我国中部地区各省份经济、人口概况表

| 地区 | 常住人口数（万人） | 15~64岁人数（万人） | GDP（万元） | 人均GDP（元） |
| --- | --- | --- | --- | --- |
| 全国 | 139538 | 815039 | 900309 | 64644 |
| 山西 | 3718 | 22580 | 16818 | 45328 |
| 安徽 | 6324 | 35341 | 30006 | 47711 |
| 江西 | 4648 | 26648 | 21984 | 47433 |

续表

| 地区 | 常住人口数（万人） | 15~64岁人数（万人） | GDP（万元） | 人均GDP（元） |
|---|---|---|---|---|
| 河南 | 9605 | 53220 | 48055 | 50152 |
| 湖北 | 5917 | 34995 | 39366 | 66616 |
| 湖南 | 6899 | 38446 | 36425 | 52948 |

据2009—2019年的《中国统计年鉴》《中国教育统计年鉴》《中国人口和就业统计年鉴》等统计数据显示，2017年中部地区各省份劳动力受教育程度中，具有中等职业技术教育学历的劳动力占比全部低于全国平均水平5.20%，大专学历的劳动力占比也全部低于全国平均水平9.40%。其中，山西省劳动力的总体受教育水平最高，安徽和江西的总体受教育水平最低。在15岁以上文盲人口占比中，安徽、河南和河北的比重高于全国平均水平，山西、江西和湖南低于全国平均水平。其中，山西省最低，为2.52%，而安徽省最高，达到6.81%。

## 第一节 中部地区各省份的中等职业技术教育资源空间分布特征

统计表明，自2013年以来，中部地区各个省份的中等职业技术教育院校数量呈减少趋势，与全国趋势趋于一致。其中，河南省中等职业技术教育院校数量最多，2017年为640所，而湖北省中等职业技术教育院校数量最少，为289所（表4-4）。

表4-4 中部地区各省份中职学校数　　　　　　　　　　计量单位：所

| 区域/年份 | 2013 | 2014 | 2015 | 2016 | 2017 |
|---|---|---|---|---|---|
| 全国 | 9380 | 9060 | 8657 | 8367 | 8181 |
| 山西 | 445 | 444 | 444 | 447 | 449 |
| 安徽 | 463 | 431 | 412 | 374 | 359 |
| 江西 | 429 | 407 | 400 | 394 | 366 |
| 河南 | 716 | 702 | 691 | 651 | 640 |
| 湖北 | 308 | 301 | 289 | 289 | 289 |
| 湖南 | 496 | 501 | 471 | 460 | 467 |

基于2017年的教育统计数据，对中部地区各省份生师比方面进行了分析，总体来看，中部地区北部省份的生师比情况要好于南部地区，其西部省份好于东部。其中，山西省中等职业院校（机构）的生师比情况最好，其次是河南省，而江西省情况最差。中部地区的山西省除了晋城市生师比高于20∶1，忻州市、太原市和运城市略超过16∶1以外，其余市的生师比均小于16∶1，达到了教育部"十一五"期间的规划目标。而江西省除了宜春市以外，其余市全部均在20∶1以上，部分市甚至达到了40∶1以上，专任教师资源十分短缺。

普职招生比是指普通高中和中等职业学校招生数的比值，它是反映一个地区中等职业技术教育发展状况的一个重要指标。我国在2015年提出了使普通高中和中等职业学校的招生比达到1∶1左右的一个目标，然而，目前我国很多地区仍难以达到此目标，中部地区同样如此。其中，安徽省普职比最接近目标，而江西省普职比高达3.03∶1，远远高于其他省份。

生均教育资源采用生均占地面积，生均图书数量和生均固定资产值三个方面的数据。由图4-5可见，生均占地面积方面，山西、安徽、江西和湖北超过了全国平均水平，河南、湖南低于全国平均水平。其中，山西最高，为46.42平方米。生均图书数量方面，山西、安徽和湖北高于全国平均水平，其中安徽最高。而生均固定资产值仅山西和湖北超过全国平均水平，其中河南最低。由此可见，在生均教育资源方面，山西省，安徽省和湖北省均高于全国平均水平，其中山西省生均资源最多，而河南省最少。

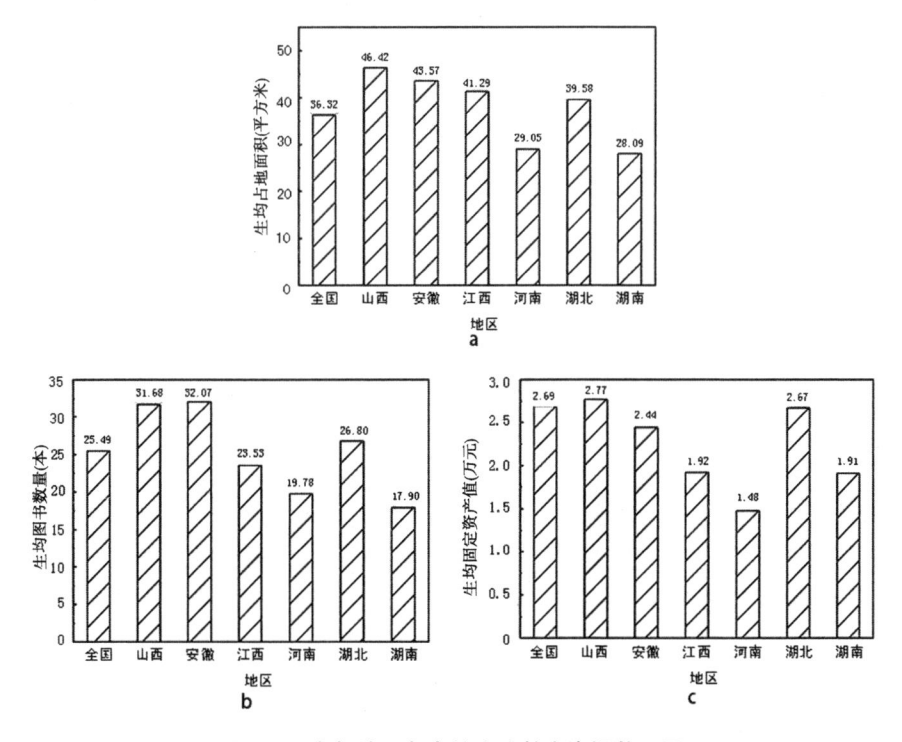

**图4-5 中部地区各省份生均教育资源状况图**

（a：中部中职生均占地面积柱状图；b：中部中职生均图书数量柱状图；c：中部中职生均固定资产值柱状图）

根据图4-6，在中部地区中，各省份中职院校核密度强度的最大值均出现在该省的省会。其中，河南省郑州市附近的中职院校核密度强度最高，这与河南省人口分布有关。其余地区中，湖南省长沙市以及安徽省合肥市周边地区的中职院校核密度强度较高。而山西省、湖北省和江西省内的中职院校整体核密度强度较低。河南省、湖南省与安徽省的中职院校核密度分布状况好于其他省份。

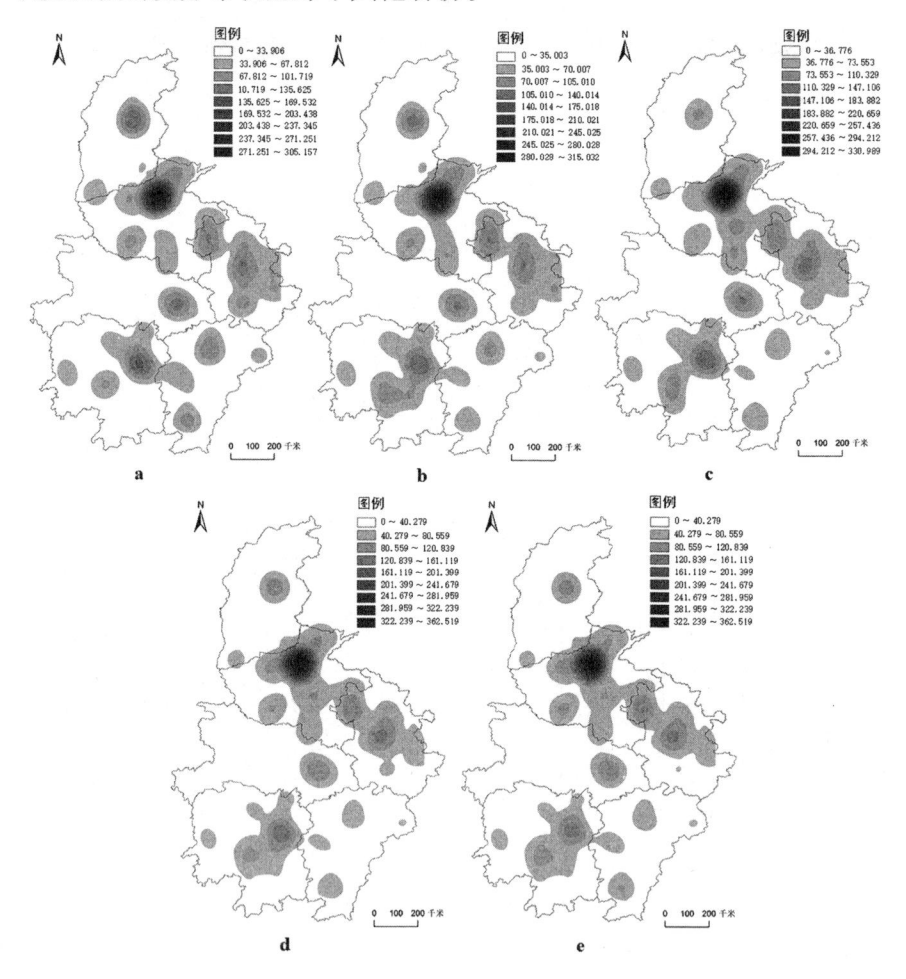

图4-6 2015—2019年中部地区中职院校核密度状况图
（a：2015年；b：2016年；c：2017年；d：2018年；e：2019年）

从时间变化上来看，2015—2019 年的五年间，山西省与江西省地区的中职院校核密度强度逐渐减弱，河南省与安徽省之间的地区中职院校核密度强度明显增强，表明近年来河南省和安徽省的中职教育发展情况相对较好。

## 第二节　中部地区各省份的高等职业技术教育资源空间分布特征

2013—2017 年，中部地区各省份的高职学校数量总体变化不大，数量有升有降。其中，山西省和湖南省的高职学校数量略有下降，而安徽省、江西省、河南省和湖北省的高职学校数量略有上升。其中，河南省的数量最多，达 79 所；山西省的数量最少，仅 47 所（表4-5）。

表 4-5　中部各省高职学校数量　　　　　计量单位：所

| 高职数 | 2013 | 2014 | 2015 | 2016 | 2017 |
|---|---|---|---|---|---|
| 全　国 | 1321 | 1327 | 1341 | 1359 | 1388 |
| 山　西 | 49 | 48 | 48 | 47 | 47 |
| 安　徽 | 73 | 74 | 75 | 74 | 74 |
| 江　西 | 52 | 53 | 55 | 56 | 57 |
| 河　南 | 77 | 77 | 77 | 74 | 79 |
| 湖　北 | 56 | 56 | 59 | 60 | 61 |
| 湖　南 | 75 | 73 | 73 | 72 | 73 |

在每万人拥有的高等职业技术教育院校方面，除了河南省低于全国平均水平 0.00999，为 0.00826 以外，其余省份均高于全国平均水平。

其中，山西省最高，达到0.013，可以看出山西省在中部地区的技能教育发展相对较好。

根据图4-7，中部地区各省份高职院校核密度最高的地区均在省会城市周边。其中，河南省、湖南省的高职院校核密度强度较大，山西省的高职院校核密度强度最低。其中，湖北、湖南和江西三省的省会城市距离较近，三省交界处附近高职院校的核密度强度较大。

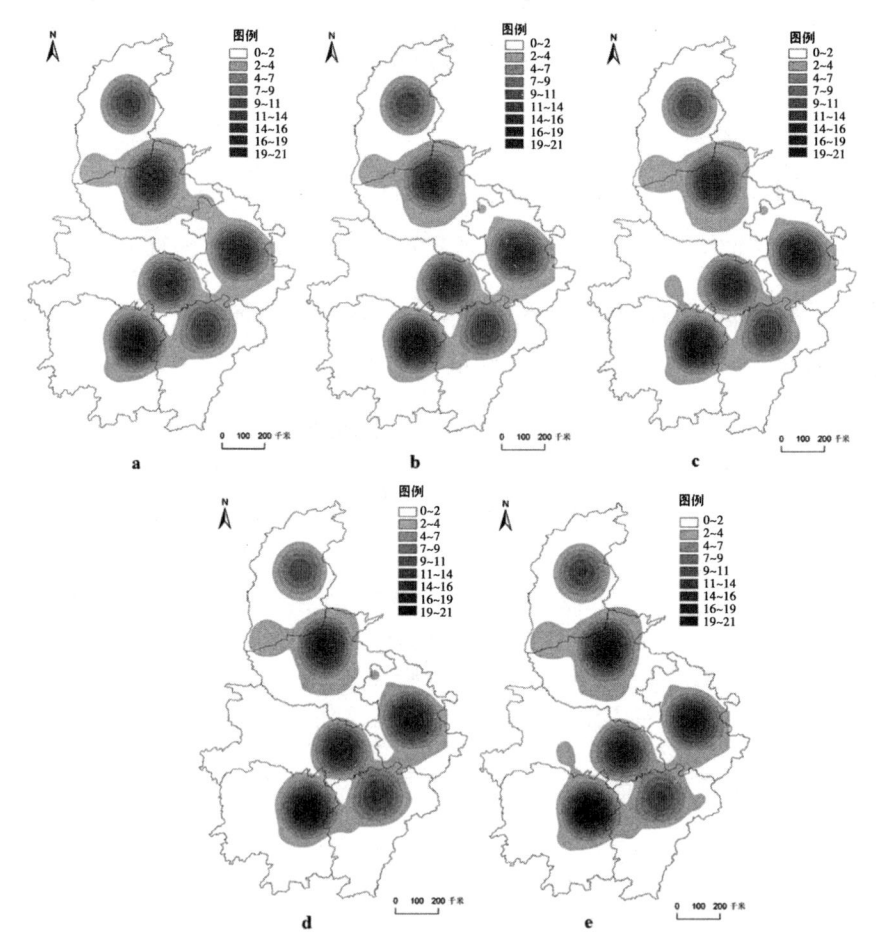

**图4-7 2013—2017年中部地区高职院校核密度状况图**

（a：2013年；b：2014年；c：2015年；d：2016年；e：2017年）

从时间变化上来看，2013—2017年间中部地区的高职院校变化不大。主要变化是河南省与安徽省之间的亳州市附近的高职院校核密度有所降低，江西省东部的高职院校核密度略有升高，湖北省南部地区高职院校核密度波动较为显著。

## 第三节　中部地区职业技术教育的人口匹配度分析

将各个市区的中、高职学校数与人口数相比，可得到该地学校数与人口数的匹配度。数值越大，说明匹配度越好。由图4-8可知，中部

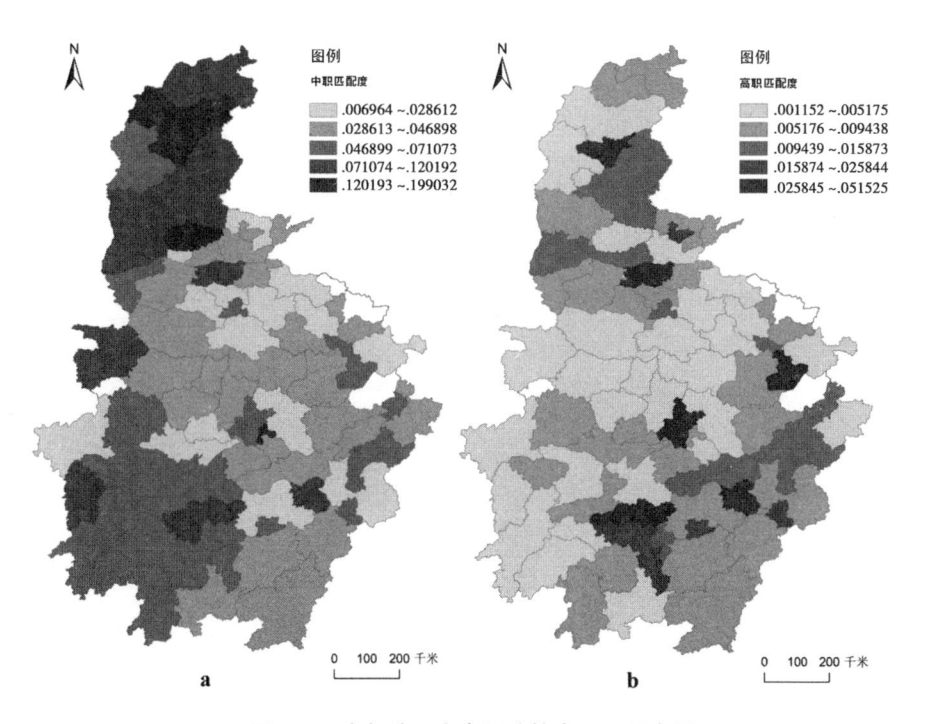

**图4-8　中部地区中高职院校人口匹配度图**
（a：中职人口匹配度；b：高职人口匹配度）

地区中，山西省的中职匹配状况最好，湖南省次之，河南省最差。山西省中南部、河南省中南部、湖南省东部、安徽省东南部以及江西省北部的高职人口匹配度较高，湖北、湖南和河南三省的总体匹配度较低。

# 第三章 西部地区职业技术教育的空间分布特征

我国西部地区选取了重庆、陕西、甘肃、青海、宁夏、新疆、内蒙古、西藏、广西、云南、贵州、四川等省市区。2019年数据显示，西部地区生产总值约为205179亿元，约占全国生产总值的21%（表4-6）。西部总人口约为37956万人，约占全国总人口的27%。人均生产总值最高的省市是重庆市，其余地区都低于全国平均水平。

表4-6 西部地区各省份（自治区）经济、人口概况表

| 地区 | 地区生产总值（亿元） | 总人口（万人） | 人均生产总值（元） | 劳动人口占比（%） | 中职毕业生（万人） | 文盲率（%） |
| --- | --- | --- | --- | --- | --- | --- |
| 全国 | 990865 | 140005 | 70773 | 71.20 | 396.97 | 5.52 |
| 内蒙古 | 17212 | 2534 | 67926 | 76.80 | 6.06 | 3.97 |
| 广西 | 21237 | 4926 | 43112 | 68.10 | 18.57 | 2.48 |
| 重庆 | 23605 | 3102 | 76098 | 68.60 | 9.93 | 3.18 |
| 四川 | 46615 | 8341 | 55887 | 68.70 | 32.78 | 6.27 |
| 贵州 | 16769 | 3600 | 46581 | 66.40 | 15.27 | 7.72 |
| 云南 | 23223 | 4830 | 48082 | 72.30 | 14.21 | 6.67 |

续表

| 地区 | 地区生产总值（亿元） | 总人口（万人） | 人均生产总值（元） | 劳动人口占比（％） | 中职毕业生（万人） | 文盲率（％） |
|---|---|---|---|---|---|---|
| 西藏 | 1697 | 344 | 4935 | 70.70 | 0.52 | 26.94 |
| 陕西 | 25793 | 3864 | 66752 | 74.50 | 8.49 | 4.25 |
| 甘肃 | 8718 | 2637 | 33061 | 71.10 | 5.89 | 8.53 |
| 青海 | 2965 | 603 | 4918 | 72.90 | 2.07 | 8.23 |
| 宁夏 | 3748 | 688 | 5448 | 70.10 | 2.45 | 7.38 |
| 新疆 | 13597 | 2487 | 54672 | 70.20 | 6.85 | 2.85 |

依据第六次人口调查显示，西部地区各省份的劳动人口占比较多，但接受中职教育的毕业人数较少。西部四川省15—64岁的劳动力人口占比较小，低于全国平均水平，劳动人口中接受中等职业技术教育的人数是最多的，达32.78万人，说明该省职业技术教育普及程度较高。

本文所使用的数据均来自2009—2019年的《中国统计年鉴》《中国教育统计年鉴》《中国人口和就业统计年鉴》；除此之外，相关职业技术教育的数据是通过中华人民共和国教育部发展规划司官网提供的教育统计数据、国家统计局最新发布的数据以及各省区市的中等职业技术教育质量年度报告和高等职业技术教育质量年度报告获得的，如表4-7所示。

表4-7 研究数据主要来源信息

| 数据 | 日期 | 来源 | 目的 |
|---|---|---|---|
| 西部各省地区生产总值 | 2019年 | 中国统计年鉴 | 研究区概况 |
| 全国各省人口、劳动人口 | 2018年 | 中国统计年鉴 | 研究区概况 |

续表

| 数据 | 日期 | 来源 | 目的 |
|---|---|---|---|
| 西部各省中高职学校数、专任教师数、学生数 | 2009—2019 年 | 中国统计年鉴、中国教育统计年鉴 | 职业技术教育概况 |
| 西部各市中职生师比 | 2009—2019 年 | 各市中职质量年度报告、中国教育统计年鉴 | 空间分布分析 |
| 西部各市高职学校数 | 2005—2019 年 | 教育部全国高校名单、中国教育统计年鉴 | 核密度分析 |
| 西部各省市从事第一产业就业率 | 2014—2018 年 | 国家统计局年度数据 | 影响因素分析 |
| 西部各省地区生产总值、教育经费支出 | 2016—2018 年 | 中国统计年鉴、国家统计局年度数据 | 影响因素分析 |

## 第一节 我国西部职业技术教育概况

选取2009—2019年我国西部地区中高等职业技术院校在校生和专任教师的人口数据，并通过计算得出2009—2019年中高等职业技术院校的生师比。从图4-9中我们可以发现，2009—2019年西部地区中等职业技术院校在校生和专任教师的数量都呈下降趋势，在2013年下降幅度最大。中职院校在校生在2018年达到最低值，约350万人；同时2018年的生师比达到了最低值，约为16.20，也是最接近我国教育部《关于"十一五"期间加强中等职业学校教师队伍建设的意见》中全国中等职业学校教师规模要达到130万人，其中生师比要逐步达到16.00∶1左右的目标。

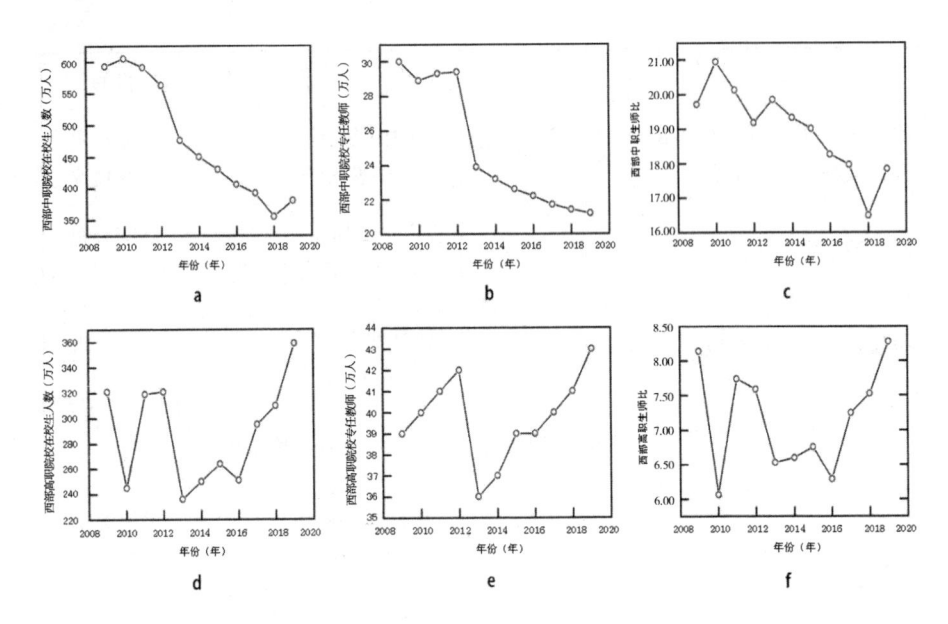

**图 4-9 2009—2019 年西部地区中高职院校基本统计信息图**

(a：西部地区中职院校在校生数；b：西部地区中职院校专任教师数；c：西部地区中职院校生师比；d：西部地区高职院校在校生数；e：西部地区高职院校专任教师数；f：西部地区高职院校生师比)

与此相反，2009—2019 年西部地区高等职业技术院校的在校生和专任教师数量整体上呈现波动上升的趋势，在 2019 年高职在校生和专任教师数量均达到最高值，其中在校生约有 360 万人，专任教师约 43 万人，生师比约为 8.40∶1。相比中职院校而言，西部地区的高职院校的发展更加迅速，上升幅度较大，职业技术教育资源的配置也更加优越。

通过对西部地区各省区市总人口和各省的高职院校学生数进行比较，计算得出西部地区各省区市的职业技术教育人口匹配度，该数值越趋近于 1 表明人口与职业技术教育资源的匹配度越高，其中，内蒙古自治区的中等职业技术教育资源与人口匹配度最高，达到 0.10；重庆市的高等职业技术教育资源与人口匹配度最高，达到 0.02。相反，西藏自治区中高等职业技术教育资源与人口匹配度均较低，中职院校的匹配度不足 0.03，高职院校的匹配度不足 0.001。

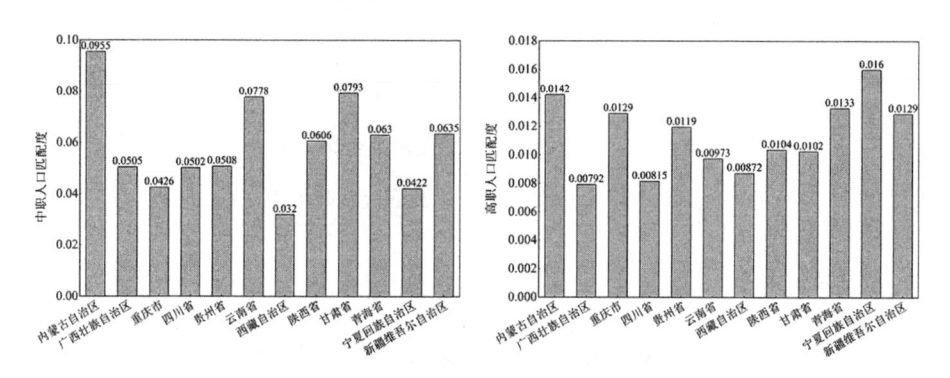

**图 4-10　西部地区中高职院校人口匹配度图**

（a：中职人口匹配度；b：高职人口匹配度）

基于 2019 年西部各省区市在校生和教师数据得出西部各省区市生师比分布图，数值越大的地区，师生比例越不均衡。如图 4-11（a）所示，总体上看，内蒙古自治区中等职业院校生师比最小，师生资源配置相对合理；青海省生师比数值最大，学生比教师多 28 倍，师生资源配置较为紧张。从图 4-11（b）中我们可以观察到新疆，内蒙古等地高等职业院校生师比数值最高达到了 46，高职院校学生数量多于教师近 50 倍之多，生师比的数值大反映了高职学生数量较多，我国西部高职教育资源的短缺，并且暗示了我国仍存在巨大的潜在技术劳动力。

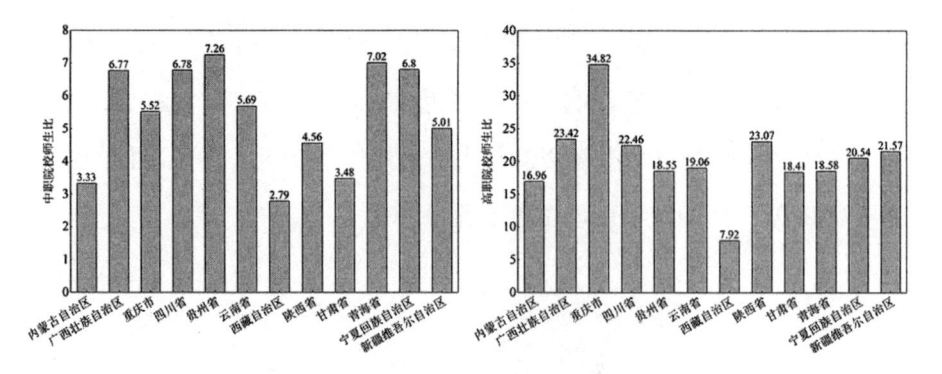

图 4-11 西部地区中高职院校师生比分布图

(a：中职院校师生比；b：高职院校师生比)

# 第二节 西部地区中等职业技术教育资源的空间分布特征

基于西部地区各省区市 2014—2019 年中职院校的统计信息（表 4-8）显示，2014—2019 年我国西部大部分地区的中职院校数量逐渐减少，从 2576 所减少到了 2247 所，整个西部地区减少了 329 所。其中，四川省中职院校数量在过去 5 年间一直是西部地区最多的，占到 20%；而西藏是最少的，占比不到 1%。2014—2019 年，陕西省中职院校的数量减少最多，从 307 所减少到了 230 所，波动最大；西藏自治区和青海省的中职院校数量减少的最少，均减少 2 所，波动较小，较为稳定。

表4-8 2014—2019年西部地区各省区市中职院校数　　计量单位：所

| 地区 | 2014年 | 2015年 | 2016年 | 2017年 | 2018年 | 2019年 |
|---|---|---|---|---|---|---|
| 内蒙古 | 258 | 250 | 247 | 238 | 242 | 237 |
| 广西 | 295 | 280 | 276 | 271 | 249 | 248 |
| 重庆 | 139 | 134 | 132 | 132 | 132 | 129 |
| 四川 | 483 | 467 | 445 | 436 | 419 | 408 |
| 贵州 | 209 | 206 | 195 | 192 | 183 | 185 |
| 云南 | 385 | 379 | 374 | 374 | 376 | 370 |
| 西藏 | 9 | 9 | 10 | 11 | 11 | 11 |
| 陕西 | 307 | 288 | 265 | 245 | 234 | 230 |
| 甘肃 | 244 | 228 | 220 | 209 | 209 | 205 |
| 青海 | 38 | 39 | 39 | 39 | 38 | 36 |
| 宁夏 | 33 | 32 | 29 | 28 | 29 | 30 |
| 新疆 | 176 | 172 | 167 | 160 | 158 | 158 |
| 西部 | 2576 | 2484 | 2399 | 2345 | 2280 | 2247 |
| 全国 | 9060 | 8657 | 8367 | 8181 | 7850 | 7686 |

如图4-12所示，四川省中职院校毕业生人数最多，达327834人，西藏的中职院校毕业生最少，只有5228人。并且西部地区的中职院校毕业生在数量和质量上的分布差异明显，其中，四川省取得资格证的毕业生最多，有292927人，占总毕业人数近90%；西藏最少，只有545人，占总毕业人数近10%。

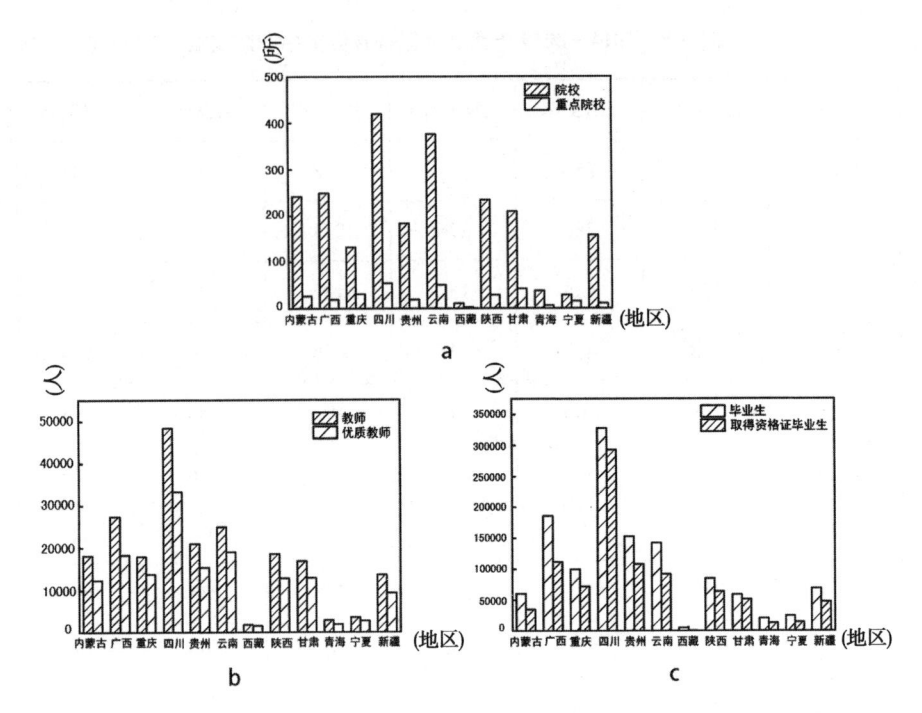

**图 4-12 西部地区各省区市中等职业技术教育资源状况图**

（a：中职院校资源柱状图；b：中职教师资源柱状图；c：中职学生资源柱状图）

教师作为学生学习知识的直接来源者，教师的数量和质量对于学校的发展具有很大影响，我国西部地区经济发展落后，教师资源短缺，师资力量与中部和东部地区相差甚远。根据《2018年中国教育统计年鉴》，全国中职院校的教师数量有799593人，而我国西部地区中职院校的教师数量仅有215403人，全国占比不到30%。在此次研究中，把中职教师学历在本科及以上的教师称为优质中职教师，优质中职教师的数量往往也是衡量一个地区教育水平的高低和一所学校教学质量的优劣的重要指标。其中，四川省的中职院校教师数量约占全国的6.00%，优质教师数量占比约5.50%，西藏地区中的中职院校教师和优质教师数量是最少的，占比分别仅有0.23%和0.29%。

## 第三节 西部地区高等职业技术教育资源的空间分布特征

截止到 2018 年，我国设立的高职院校已有 1418 所，其中西部地区有 394 所，约占全国的 27.79%。其中，四川省拥有 68 所高职院校，占比西部的 17.26%；西藏和青海分别拥有 3 所和 8 所高职院校，占比最小，不到西部的 1%（图 4-13）。我国西部地区各省区市拥有的国家级重点高职院校数量较少，我国国家级的高职院校共有 100 所，西部地区只拥有 28 所，不到全国的三分之一。

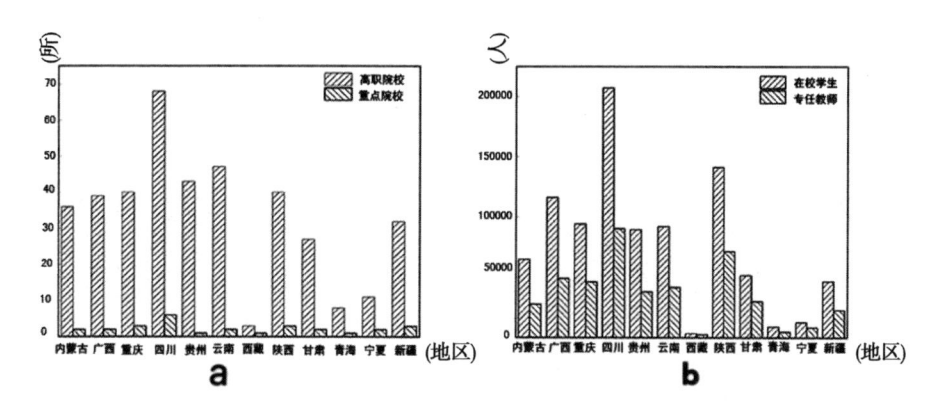

**图 4-13 西部地区各省区市高等职业技术教育资源状况图**

（a：高职院校资源柱状图；b：高职教师和学生资源柱状图）

2018 年，我国西部地区高职院校共毕业 930743 人，占我国全部高职院校毕业生的 25.39%。其中，四川和陕西及广西等地的高职院校毕业生是最多的，分别有 207328 人、141377 人以及 116290 人，仅这三个省区的高职院校毕业生就占整个西部地区的 49%。而西藏、青海和宁夏三地的高职院校毕业生人数之和都不到整个西部地区的1%。在西部地区的高职教育规模不断扩大的时候，积极建设"双师型"教师队伍，提高高职院校教师执教的水平，使高职教师的队伍建设更加规范化，形成一支理论和实践相结合的高质量教师队伍，有利于提升整个高等职业技术教育的教学质量。2018年我国"双师型"教师总量为45.56万人，其中西部地区约为13.67万人。"双师型"教师占比最大的地区是广西，约有32.59%，最小的是西藏，只有5.24%。

# 第四章 工程类职业技术院校的发展现状分析

工程科学技术教育作为职业技术教育中最为重要的组成部分，肩负着经济社会发展的重任。纵观人类社会发展的历史进程，正是由于工程科技的持续发展进步，极大地推动了生产力的革命性飞跃，从而使得人类的生产方式和生活方式发生了根本性变革。工程科技事业的发展离不开工程科技人才，更离不开培养工程科技人才的工程教育。自21世纪以来，面对经济社会发展中的机遇和挑战，世界各国尤其是发达国家，都将工程科技进步作为实现未来可持续增长、在全球竞争中保持国家地位的基石和支撑。毫无疑问，工程教育必须适应社会、经济、科技变化的趋势，不断变革创新，才能更好地扮演创新引擎这一崭新角色。在创新驱动发展战略的大背景下，工程技术人才作为工程建设实施中的关键性力量，在提升企业乃至国家核心竞争力方面都发挥着重要作用。工程技术人员水平的提高与巩固以及工程技术人员的数量与素质对经济社会的发展起着重要的基础作用。对企业而言，工程技术人员在增强企业创新能力、提升产业技术水平上所发挥的作用不言而喻，由工程技术人员引领的创业浪潮已成为当前全球科技进步的引擎，而且正成为我国经济发展的重要推动力量。工程类职业技术院校承担着我国高水平工程科技人员的培养重任，系统地分析我国工程类职业技术院校的空间布局以及生存发展现状对全面地认识我国基础技术人员教育发展现状具有重要意义。

## 第一节 我国工程类职业技术院校的空间发展格局

基于各省区市教育厅官方数据，全国中等职业院校中，以"工程""机电""建筑""汽车""化工"等典型工程类命名的院校共有329所，其中，东部地区有129所，占比39.20%；中部地区有124所，占比37.70%；西部地区有76所，占比23.10%。其中，工程类中职院校分布最多的省份为湖北省，有63所；此外，河北省、河南省、四川省、内蒙古自治区分布也较多，这些省区市的工程类中职院校数量均在20所以上；贵州省、甘肃省、青海省及西藏自治区分布较少，几乎没有相关工程类中职院校分布。

工程类中等职业学校中有125所信息完整，其中，东部地区有72所，占比57.60%；中部地区有31所，占比24.80%；西部地区有22所，占比17.60%。125所院校中公办院校有113所，占比90.40%；民办院校有12所，占比9.60%。其中，东部地区公办院校70所，占比97.20%，民办院校2所，占比2.80%；中部地区公办院校26所，占比83.87%，民办院校5所，占比16.13%；西部地区公办院校17所，占比77.30%，民办院校5所，占比22.70%。这些院校中师生比平均水平为6.14%，东部地区师生比平均水平为6.24%，稍高于全国平均水平；中部地区师生比平均水平为6.11%，稍低于全国平均水平；西部地区师生比平均水平为5.92%，低于全国平均水平。部分省区市平均师生比为，海南省4.41%、广西壮族自治区5.26%、安徽省5.38%、江西省5.83%、福建省5.87%、湖南省5.94%、河北省5.98%、江苏省6.02%、陕西省6.04%、山西省6.04%、辽宁省6.05%、浙江省6.09%、河南省6.09%、四川省6.13%、天津市6.14%、山东省6.14%、重庆市6.18%、上海市6.35%、湖北省6.35%、黑龙江省6.43%、新疆维吾尔自治区6.50%、北京市6.93%、广东省6.96%、吉林省14.84%。其中师生比最高的为吉林省，高达14.84%，师生比最低的省份为海南省，为4.41%，其余各省区市师生比保持在全国平均水平上下（表4-9）。

表4-9 我国各省区市工程类中等职业技术学校概况信息表

| 学校名称 | 东中西部地区 | 省区市 | 办学性质 | 教师人数（人） | 在校生人数（人） | 师生比 | 就业率 |
| --- | --- | --- | --- | --- | --- | --- | --- |
| 菏泽信息工程学校 | 东部 | 山东省 | 公办 | 100 | 6000 | 1.67% | 99.00% |
| 聊城高级工程职业学校 | 东部 | 山东省 | 公办 | 118 | 5000 | 2.36% | 98.00% |
| 德州机电工程学校 | 东部 | 山东省 | 公办 | 120 | 1172 | 10.24% | 96.00% |
| 日照市工程技术学校 | 东部 | 山东省 | 公办 | 321 | 6000 | 5.35% | 94.00% |
| 日照市机电工程学校 | 东部 | 山东省 | 公办 | 240 | 4300 | 5.58% | 96.30% |
| 潍坊工程职业学院 | 东部 | 山东省 | 公办 | 673 | 9500 | 7.08% | 99.85% |
| 烟台机械工程学校 | 东部 | 山东省 | 公办 | 504 | 3452 | 14.60% | 86.00% |
| 烟台信息工程学校 | 东部 | 山东省 | 公办 | 289 | 3000 | 9.63% | 96.00% |
| 聊城工业学校 | 东部 | 山东省 | 公办 | 230 | 5310 | 4.33% | 98.00% |
| 日照市工业学校 | 东部 | 山东省 | 公办 | 256 | 4200 | 6.10% | 98.00% |
| 潍坊市工业学校 | 东部 | 山东省 | 公办 | 206 | 2300 | 8.96% | 86.00% |
| 烟台轻工业学校 | 东部 | 山东省 | 公办 | 229 | 3147 | 7.28% | 86.00% |

续表

| 学校名称 | 东中西部地区 | 省区市 | 办学性质 | 教师人数（人） | 在校生人数（人） | 师生比 | 就业率 |
|---|---|---|---|---|---|---|---|
| 烟台电子工业学校 | 东部 | 山东省 | 公办 | 239 | 2000 | 11.95% | 98.00% |
| 日照市机电工程学校 | 东部 | 山东省 | 公办 | 169 | 4300 | 3.93% | 98.00% |
| 山东省机电学校 | 东部 | 山东省 | 公办 | 212 | 3600 | 5.89% | 86.40% |
| 江苏省徐州机电工程高等职业学校 | 东部 | 江苏省 | 公办 | 630 | 16243 | 3.88% | 100.00% |
| 江苏省南京工程高等职业学校 | 东部 | 江苏省 | 公办 | 500 | 11000 | 4.55% | 98.00% |
| 盐城生物工程高等职业技术学校 | 东部 | 江苏省 | 公办 | 420 | 6100 | 6.89% | 95.00% |
| 江苏省徐州机电工程高等职业学校 | 东部 | 江苏省 | 公办 | 630 | 16243 | 3.88% | 98.60% |
| 淮安生物工程高等职业学校 | 东部 | 江苏省 | 公办 | 288 | 4544 | 6.34% | 98.00% |
| 盐城生物工程高等职业技术学校 | 东部 | 江苏省 | 公办 | 309 | 6100 | 5.07% | 95.00% |
| 苏州市轻工业学校 | 东部 | 江苏省 | 公办 | 230 | 5000 | 4.60% | 100.00% |
| 无锡机电高等职业技术学校 | 东部 | 江苏省 | 公办 | 502 | 6000 | 8.37% | 74.60% |
| 南通市通州区建筑职工中等专业学校 | 东部 | 江苏省 | 公办 | 74 | 1100 | 6.73% | 99.00% |
| 福建工业学校 | 东部 | 福建省 | 公办 | 300 | 5000 | 6.00% | 87.00% |
| 福建第二轻工业学校 | 东部 | 福建省 | 公办 | 264 | 3000 | 8.80% | 100.00% |
| 南平工业技术学校 | 东部 | 福建省 | 公办 | 225 | 4600 | 4.89% | 98.00% |
| 集美轻工业学校 | 东部 | 福建省 | 公办 | 298 | 7600 | 3.92% | 76.00% |
| 漳州工业学校 | 东部 | 福建省 | 公办 | 82 | 1957 | 4.19% | 98.00% |
| 南安市工业学校 | 东部 | 福建省 | 公办 | 130 | 3500 | 3.71% | 97.00% |
| 福州工业学校 | 东部 | 福建省 | 公办 | 210 | 2200 | 9.55% | 98.00% |

续表

| 学校名称 | 东中西部地区 | 省区市 | 办学性质 | 教师人数（人） | 在校生人数（人） | 师生比 | 就业率 |
|---|---|---|---|---|---|---|---|
| 南平机电职业学校 | 东部 | 福建省 | 公办 | 55 | 932 | 5.90% | 98.00% |
| 嘉善信息技术工程学校 | 东部 | 浙江省 | 公办 | 120 | 2100 | 5.71% | 74.60% |
| 衢州市工程技术学校 | 东部 | 浙江省 | 公办 | 215 | 4298 | 5.00% | 99.00% |
| 浙江信息工程学校 | 东部 | 浙江省 | 公办 | 300 | 5000 | 6.00% | 97.00% |
| 浙江科技工程学校 | 东部 | 浙江省 | 公办 | 199 | 3400 | 5.85% | 98.00% |
| 温岭世贸工业学校 | 东部 | 浙江省 | 民办 | 65 | 1225 | 5.31% | 92.00% |
| 嘉兴市建筑工业学校 | 东部 | 浙江省 | 公办 | 113 | 2000 | 5.65% | 100.00% |
| 阜阳科技工业学校 | 中部 | 安徽省 | 民办 | 244 | 4516 | 5.40% | 89.00% |
| 机械工业学校 | 中部 | 安徽省 | 民办 | 100 | 2200 | 4.55% | 97.00% |
| 阜阳机电职业技术学校 | 中部 | 安徽省 | 民办 | 164 | 2642 | 6.21% | 98.00% |
| 吉林机电工程学校 | 东部 | 吉林省 | 公办 | 207 | 1395 | 14.84% | 96.00% |
| 沈阳市装备制造工程学校 | 东部 | 辽宁省 | 公办 | 564 | 5000 | 11.28% | 98.00% |
| 大连市轻工业学校 | 东部 | 辽宁省 | 公办 | 324 | 5300 | 6.11% | 98.00% |
| 辽宁省机电工程学校 | 东部 | 辽宁省 | 公办 | 476 | 10346 | 4.60% | 98.72% |
| 营口市农业工程学校 | 东部 | 辽宁省 | 公办 | 320 | 3161 | 10.12% | 91.00% |
| 哈尔滨轻工业学校 | 东部 | 黑龙江省 | 公办 | 257 | 4000 | 6.43% | 90.00% |
| 广西机电工程学校 | 西部 | 广西壮族自治区 | 公办 | 368 | 7000 | 5.26% | 80.83% |
| 株洲市工业中等专业学校 | 中部 | 湖南省 | 公办 | 222 | 5000 | 4.44% | 95.00% |
| 新邵县工业职业中专学校 | 中部 | 湖南省 | 公办 | 182 | 3000 | 6.07% | 96.00% |
| 邵阳县工业职业技术学校 | 中部 | 湖南省 | 公办 | 158 | 2866 | 5.51% | 97.00% |

续表

| 学校名称 | 东中西部地区 | 省区市 | 办学性质 | 教师人数（人） | 在校生人数（人） | 师生比 | 就业率 |
|---|---|---|---|---|---|---|---|
| 怀化工业中等专业学校 | 中部 | 湖南省 | 公办 | 189 | 3700 | 5.11% | 96.30% |
| 石家庄工程技术学校 | 东部 | 河北省 | 公办 | 203 | 8000 | 2.54% | 96.00% |
| 河北省信息工程学校 | 东部 | 河北省 | 公办 | 39 | 787 | 4.96% | 98.00% |
| 河北省科技工程学校 | 东部 | 河北省 | 公办 | 182 | 5000 | 3.64% | 98.00% |
| 河北省建筑工程学校 | 东部 | 河北省 | 公办 | 81 | 2000 | 4.05% | 95.00% |
| 石家庄机电工业学校 | 东部 | 河北省 | 公办 | 145 | 2200 | 6.59% | 97.00% |
| 石家庄军兴信息工程中等专业学校 | 东部 | 河北省 | 民办 | 170 | 2553 | 6.66% | 95.00% |
| 保定工程技术学校 | 东部 | 河北省 | 公办 | 220 | 2000 | 11.00% | 98.00% |
| 北方机电工业学校 | 东部 | 河北省 | 公办 | 184 | 4000 | 4.60% | 98.00% |
| 衡水科技工程学校 | 东部 | 河北省 | 公办 | 518 | 6000 | 8.63% | 94.00% |
| 海南省机电工程学校 | 东部 | 海南省 | 公办 | 225 | 5100 | 4.41% | 98.00% |
| 陕西省建筑材料工业学校 | 西部 | 陕西省 | 公办 | 181 | 4500 | 4.02% | 96.00% |
| 陕西省渭南工业学校 | 西部 | 陕西省 | 公办 | 416 | 4500 | 9.24% | 98.00% |
| 咸阳陕广电子机械职业技术学校 | 西部 | 陕西省 | 民办 | 40 | 800 | 5.00% | 97.60% |
| 西安市机电职业技术学校 | 西部 | 陕西省 | 公办 | 96 | 1600 | 6.00% | 99.00% |
| 山西省铁路工程学校 | 中部 | 山西省 | 公办 | 210 | 4000 | 5.25% | 99.00% |
| 华北机电学校 | 中部 | 山西省 | 公办 | 180 | 6500 | 2.77% | 98.00% |
| 运城市信息工程学校 | 中部 | 山西省 | 公办 | 115 | 3000 | 3.83% | 95.00% |
| 太原铁路机械学校 | 中部 | 山西省 | 公办 | 221 | 7000 | 3.16% | 95.00% |
| 广东交通职业技术学院 | 东部 | 广东省 | 公办 | 765 | 15500 | 4.94% | 99.00% |
| 佛山市交通技工学校 | 东部 | 广东省 | 公办 | 180 | 2000 | 9.00% | 96.00% |

续表

| 学校名称 | 东中西部地区 | 省区市 | 办学性质 | 教师人数（人） | 在校生人数（人） | 师生比 | 就业率 |
|---|---|---|---|---|---|---|---|
| 天津市建筑工程学校 | 东部 | 天津市 | 公办 | 121 | 3000 | 4.03% | 96.00% |
| 天津市机电工艺技师学院 | 东部 | 天津市 | 公办 | 568 | 8010 | 7.09% | 98.00% |
| 天津市第一轻工业学校 | 东部 | 天津市 | 公办 | 380 | 6000 | 6.33% | 98.00% |
| 天津市南洋工业学校 | 东部 | 天津市 | 公办 | 166 | 3600 | 4.61% | 98.70% |
| 重庆市机电工程技工学校 | 西部 | 重庆市 | 民办 | 160 | 4000 | 4.00% | 100.00% |
| 重庆工业管理职业学校 | 西部 | 重庆市 | 民办 | 218 | 6000 | 3.63% | 99.00% |
| 重庆市轻工业学校 | 西部 | 重庆市 | 公办 | 200 | 7000 | 2.86% | 96.00% |
| 四川仪表工业学校 | 西部 | 重庆市 | 公办 | 438 | 7200 | 6.08% | 84.00% |
| 重庆市工业高级技工学校 | 西部 | 重庆市 | 公办 | 200 | 5000 | 4.00% | 98.00% |
| 重庆市工业学校 | 西部 | 重庆市 | 公办 | 547 | 7159 | 7.64% | 96.00% |
| 楚天信息工程学校 | 中部 | 湖北省 | 民办 | 320 | 4600 | 6.96% | 98.00% |
| 襄樊铁路工业学校 | 中部 | 湖北省 | 公办 | 230 | 5000 | 4.60% | 100.00% |
| 荆州市机械电子工业学校 | 中部 | 湖北省 | 公办 | 214 | 4221 | 5.07% | 100.00% |
| 湖北信息工程学校 | 中部 | 湖北省 | 公办 | 320 | 4600 | 6.96% | 98.00% |
| 上海市机械工业学校 | 东部 | 上海市 | 公办 | 88 | 478 | 18.41% | 98.15% |
| 上海市工业技术学校 | 东部 | 上海市 | 公办 | 58 | 477 | 12.16% | 98.70% |
| 上海市材料工程学校 | 东部 | 上海市 | 公办 | 156 | 1300 | 12.00% | 100.00% |
| 上海市建筑工程学校 | 东部 | 上海市 | 公办 | 198 | 4000 | 4.95% | 99.00% |
| 上海市西南工程学校 | 东部 | 上海市 | 公办 | 120 | 2500 | 4.80% | 96.00% |
| 上海市大众工业学校 | 东部 | 上海市 | 公办 | 239 | 5000 | 4.78% | 98.00% |
| 上海石化工业学校 | 东部 | 上海市 | 公办 | 271 | 4380 | 6.19% | 95.00% |

续表

| 学校名称 | 东中西部地区 | 省区市 | 办学性质 | 教师人数（人） | 在校生人数（人） | 师生比 | 就业率 |
|---|---|---|---|---|---|---|---|
| 上海市工程技术管理学校 | 东部 | 上海市 | 公办 | 248 | 3000 | 8.27% | 98.00% |
| 上海市城市建设工程学校 | 东部 | 上海市 | 公办 | 80 | 2000 | 4.00% | 98.21% |
| 北京铁路电气化学校 | 东部 | 北京市 | 公办 | 220 | 4600 | 4.78% | 98.00% |
| 北京市自动化工程学校 | 东部 | 北京市 | 公办 | 90 | 3000 | 3.00% | 97.04% |
| 北京市电气工程学校 | 东部 | 北京市 | 公办 | 260 | 2000 | 13.00% | 98.40% |
| 江西省通用技术工程学校 | 中部 | 江西省 | 公办 | 209 | 3253 | 6.42% | 97.00% |
| 江西省建筑工业学校（江西省建筑工程高级技工学校） | 中部 | 江西省 | 公办 | 140 | 2944 | 4.76% | 90.00% |
| 江西工程学院（中专部） | 中部 | 江西省 | 公办 | 192 | 3600 | 5.33% | 98.00% |
| 南昌工业学校核工业南昌技工学校 | 中部 | 江西省 | 公办 | 157 | 3000 | 5.23% | 95.00% |
| 南昌工业工程学校（原工学院） | 中部 | 江西省 | 公办 | 88 | 3000 | 2.93% | 92.00% |
| 江西省华忆电子工业中等专业学校（华忆科技专修学院） | 中部 | 江西省 | 公办 | 200 | 4000 | 5.00% | 94.60% |
| 江西电子工业中等专业学校（江西新科专修学院） | 中部 | 江西省 | 公办 | 200 | 4000 | 5.00% | 98.00% |
| 南昌汽车机电学校 | 中部 | 江西省 | 公办 | 195 | 4000 | 4.88% | 96.00% |

续表

| 学校名称 | 东中西部地区 | 省区市 | 办学性质 | 教师人数（人） | 在校生人数（人） | 师生比 | 就业率 |
|---|---|---|---|---|---|---|---|
| 郑州市科技工业学校 | 中部 | 河南省 | 公办 | 170 | 3000 | 5.67% | 95.00% |
| 郑州机电工程学校 | 中部 | 河南省 | 公办 | 400 | 6000 | 6.67% | 95.00% |
| 郑州工程技术学院 | 中部 | 河南省 | 公办 | 716 | 12866 | 5.57% | 92.44% |
| 开封市科技工业学校 | 中部 | 河南省 | 公办 | 102 | 690 | 14.78% | 97.00% |
| 鹤壁汽车工程职业学院 | 中部 | 河南省 | 民办 | 234 | 7000 | 3.34% | 93.00% |
| 河南省工业科技学校 | 中部 | 河南省 | 公办 | 237 | 5300 | 4.47% | 92.00% |
| 河南信息工程学校 | 中部 | 河南省 | 公办 | 305 | 7066 | 4.32% | 90.00% |
| 河南工业和信息化职业学院 | 中部 | 河南省 | 公办 | 345 | 8500 | 4.06% | 95.65% |
| 成都市工业职业技术学校 | 西部 | 四川省 | 公办 | 1200 | 20000 | 6.00% | 96.94% |
| 成都石化工业学校 | 西部 | 四川省 | 公办 | 393 | 5086 | 7.73% | 96.00% |
| 成都市工程职业技术学校 | 西部 | 四川省 | 公办 | 230 | 4500 | 5.11% | 99.00% |
| 成都市庄园机电职业技术学校 | 西部 | 四川省 | 公办 | 400 | 16000 | 2.50% | 98.00% |
| 攀枝花市建筑工程学校 | 西部 | 四川省 | 公办 | 237 | 3000 | 7.90% | 98.00% |
| 泸州市电子机械学校 | 西部 | 四川省 | 民办 | 160 | 3000 | 5.33% | 96.40% |
| 泸州化工工程职业技术学校 | 西部 | 四川省 | 公办 | 40 | 1000 | 4.00% | 90.00% |
| 资阳汽车科技职业学校 | 西部 | 四川省 | 民办 | 32 | 2100 | 1.52% | 96.00% |

续表

| 学校名称 | 东中西部地区 | 省区市 | 办学性质 | 教师人数（人） | 在校生人数（人） | 师生比 | 就业率 |
|---|---|---|---|---|---|---|---|
| 新疆工业职业技术学院 | 西部 | 新疆维吾尔自治区 | 公办 | 90 | 3500 | 2.57% | 95.00% |
| 新疆安装工程学校 | 西部 | 新疆维吾尔自治区 | 公办 | 65 | 500 | 13.00% | 98.00% |
| 新疆工业经济学校 | 西部 | 新疆维吾尔自治区 | 公办 | 226 | 2000 | 11.30% | 98.00% |

注：部分学校资料空缺，不予显示

全国共有以"工程类"命名的高等职业院校103所，其中，东部地区44所，占比42.72%；中部地区39所，占比37.86%；西部地区20所，占比19.42%。按各省区市比较分析，江苏省工程类高职院校数量最多，有11所，占比10.68%，青海省与新疆维吾尔自治区各有1所，占比约为1%。

在全国103所工程类高等职业院校中，公办院校有92所，占比89.32%；民办院校有11所，占比10.68%。公办院校中，位于东部地区的有42所，占比45.65%；中部地区35所，占比38.04%；西部地区15所，占比16.31%。民办院校中，位于东部地区的有2所，占比18.18%；中部地区4所，占比36.36%；西部地区5所，占比45.46%。

全国103所工程类高等职业院校中，师生比平均值为5.10%。按地区来说，东部地区该数值为5.11%，与全国平均水平持平，中部地区与西部地区均为5.10%。按各省区市来说，浙江省、北京市、河北省、河南省、湖南省、内蒙古自治区、四川省的师生比均高于全国平均水平，福建省、广东省师生比均低于全国平均水平（表4-10）。

表 4-10 我国各省区市工程类高等职业院校概况信息表

| 学校名称 | 东中西部地区 | 省区市 | 办学性质 | 教师人数（人） | 在校生人数（人） | 师生比 | 就业率 |
|---|---|---|---|---|---|---|---|
| 烟台工程职业技术学院 | 东部 | 山东省 | 公办 | 866 | 7105 | 12.19% | 96.00% |
| 山东工业职业学院 | 东部 | 山东省 | 公办 | 521 | 13000 | 4.01% | 98.20% |
| 日照航海工程职业学院 | 东部 | 山东省 | 民办 | 210 | 3600 | 5.83% | 90.00% |
| 青岛工程职业学院 | 东部 | 山东省 | 公办 | 141 | 10000 | 1.41% | 98.00% |
| 潍坊工程职业学院 | 东部 | 山东省 | 公办 | 673 | 12604 | 5.34% | 99.85% |
| 烟台汽车工程职业学院 | 东部 | 山东省 | 公办 | 574 | 12581 | 4.56% | 95.00% |
| 潍坊环境工程学院 | 东部 | 山东省 | 民办 | 123 | 10000 | 1.23% | 90.00% |
| 济南工程职业技术学院 | 东部 | 山东省 | 公办 | 675 | 12000 | 5.63% | 96.54% |
| 南京机电职业技术学院 | 东部 | 江苏省 | 公办 | 400 | 7500 | 5.33% | 96.00% |
| 江苏建筑职业技术学院 | 东部 | 江苏省 | 公办 | 795 | 15000 | 5.30% | 97.64% |
| 徐州工业职业技术学院 | 东部 | 江苏省 | 公办 | 481 | 12000 | 4.01% | 98.00% |
| 徐州生物工程职业技术学院 | 东部 | 江苏省 | 公办 | 490 | 9000 | 5.44% | 98.00% |
| 常州工程职业技术学院 | 东部 | 江苏省 | 公办 | 693 | 12000 | 5.78% | 80.00% |
| 常州工业职业技术学院 | 东部 | 江苏省 | 公办 | 600 | 10000 | 6.00% | 98.00% |
| 常州机电职业技术学院 | 东部 | 江苏省 | 公办 | 700 | 12000 | 5.83% | 98.00% |

续表

| 学校名称 | 东中西部地区 | 省区市 | 办学性质 | 教师人数（人） | 在校生人数（人） | 师生比 | 就业率 |
|---|---|---|---|---|---|---|---|
| 苏州工业职业技术学院 | 东部 | 江苏省 | 公办 | 500 | 8000 | 6.25% | 98.84% |
| 江苏工程职业技术学院 | 东部 | 江苏省 | 公办 | 403 | 10000 | 4.03% | 96.91% |
| 盐城工业职业技术学院 | 东部 | 江苏省 | 公办 | 500 | 9000 | 5.56% | 98.00% |
| 扬州工业职业技术学院 | 东部 | 江苏省 | 公办 | 800 | 14000 | 5.71% | 98.00% |
| 九江职业技术学院 | 中部 | 江西省 | 公办 | 1034 | 18000 | 5.74% | 89.73% |
| 江西工业职业技术学院 | 中部 | 江西省 | 公办 | 582 | 11035 | 5.27% | 91.67% |
| 江西机电职业技术学院 | 中部 | 江西省 | 公办 | 337 | 10000 | 3.37% | 73.81% |
| 江西环境工程职业学院 | 中部 | 江西省 | 公办 | 592 | 11846 | 5.00% | 92.07% |
| 江西工业工程职业技术学院 | 中部 | 江西省 | 公办 | 455 | 14000 | 3.25% | 75.16% |
| 江西工业贸易职业技术学院 | 中部 | 江西省 | 公办 | 500 | 12000 | 4.17% | 90.00% |
| 江西应用工程职业学院 | 中部 | 江西省 | 公办 | 179 | 5940 | 3.01% | 85.46% |
| 江西工程职业学院 | 中部 | 江西省 | 公办 | 197 | 5013 | 3.93% | 98.00% |
| 贵州工程应用技术学院 | 西部 | 贵州省 | 公办 | 860 | 12000 | 7.17% | 88.20% |
| 贵州工程职业学院 | 西部 | 贵州省 | 民办 | 172 | 12680 | 1.36% | 97.29% |
| 山西建筑职业技术学院 | 中部 | 山西省 | 公办 | 318 | 9490 | 3.35% | 93.00% |
| 山西工程职业学院 | 中部 | 山西省 | 公办 | 744 | 15000 | 4.96% | 95.00% |

续表

| 学校名称 | 东中西部地区 | 省区市 | 办学性质 | 教师人数（人） | 在校生人数（人） | 师生比 | 就业率 |
|---|---|---|---|---|---|---|---|
| 山西机电职业技术学院 | 中部 | 山西省 | 公办 | 366 | 7400 | 4.95% | 96.21% |
| 浙江工业职业技术学院 | 东部 | 浙江省 | 公办 | 800 | 15000 | 5.33% | 93.21% |
| 浙江机电职业技术学院 | 东部 | 浙江省 | 公办 | 800 | 10991 | 7.28% | 98.00% |
| 合肥铁路工程学校 | 中部 | 安徽省 | 公办 | 198 | 5000 | 3.96% | 97.00% |
| 福建生物工程职业技术学院 | 东部 | 福建省 | 公办 | 258 | 5000 | 5.16% | 98.00% |
| 福建第二轻工业学校 | 东部 | 福建省 | 公办 | 161 | 8400 | 1.92% | 98.00% |
| 福建工业学校 | 东部 | 福建省 | 公办 | 300 | 5000 | 6.00% | 98.00% |
| 福建建筑学校 | 东部 | 福建省 | 公办 | 183 | 7000 | 2.61% | 97.75% |
| 甘肃工业职业技术学院 | 西部 | 甘肃省 | 公办 | 619 | 10492 | 5.90% | 95.00% |
| 甘肃建筑职业技术学院 | 西部 | 甘肃省 | 公办 | 530 | 11000 | 4.82% | 96.65% |
| 甘肃机电职业技术学院 | 西部 | 甘肃省 | 公办 | 467 | 7856 | 5.94% | 86.67% |
| 甘肃能源化工职业学院 | 西部 | 甘肃省 | 公办 | 459 | 8000 | 5.74% | 95.00% |
| 陕西服装工程学院 | 西部 | 陕西省 | 民办 | 390 | 10000 | 3.90% | 96.65% |
| 西安交通工程学院 | 西部 | 陕西省 | 民办 | 354 | 10000 | 3.54% | 95.00% |
| 西安汽车职业大学 | 西部 | 陕西省 | 民办 | 728 | 12000 | 6.07% | 77.11% |
| 陕西工业职业技术学院 | 西部 | 陕西省 | 公办 | 1174 | 22000 | 5.34% | 96.00% |
| 陕西铁路工程职业技术学院 | 西部 | 陕西省 | 公办 | 181 | 16000 | 1.13% | 95.00% |

续表

| 学校名称 | 东中西部地区 | 省区市 | 办学性质 | 教师人数（人） | 在校生人数（人） | 师生比 | 就业率 |
|---|---|---|---|---|---|---|---|
| 广东交通职业技术学院 | 东部 | 广东省 | 公办 | 625 | 15500 | 4.03% | 99.00% |
| 广东工程职业技术学院 | 东部 | 广东省 | 公办 | 572 | 20428 | 2.80% | 98.44% |
| 广东机电职业技术学院 | 东部 | 广东省 | 公办 | 1000 | 18500 | 5.41% | 98.07% |
| 惠州工程职业学院 | 东部 | 广东省 | 公办 | 186 | 6000 | 3.10% | 90.84% |
| 上海城建职业学院 | 东部 | 上海市 | 公办 | 700 | 12000 | 5.83% | 96.00% |
| 北京工业职业技术学院 | 东部 | 北京市 | 公办 | 558 | 5163 | 10.81% | 93.47% |
| 首钢工学院 | 东部 | 北京市 | 公办 | 199 | 2372 | 8.39% | 99.58% |
| 河南工业职业技术学院 | 中部 | 河南省 | 公办 | 1000 | 20000 | 5.00% | 97.06% |
| 郑州工业应用技术学院 | 中部 | 河南省 | 民办 | 1500 | 30000 | 5.00% | 96.33% |
| 河南质量工程职业学院 | 中部 | 河南省 | 公办 | 850 | 11000 | 7.73% | 94.34% |
| 河南工业贸易职业学院 | 中部 | 河南省 | 公办 | 412 | 6100 | 6.75% | 96.97% |
| 平顶山工业职业技术学院 | 中部 | 河南省 | 公办 | 850 | 20000 | 4.25% | 96.68% |
| 成都工业职业技术学院 | 西部 | 四川省 | 公办 | 612 | 11346 | 5.39% | 93.00% |
| 四川工程职业技术学院 | 西部 | 四川省 | 公办 | 900 | 13000 | 6.92% | 95.00% |
| 四川机电职业技术学院 | 西部 | 四川省 | 公办 | 592 | 8600 | 6.88% | 81.92% |

续表

| 学校名称 | 东中西部地区 | 省区市 | 办学性质 | 教师人数（人） | 在校生人数（人） | 师生比 | 就业率 |
|---|---|---|---|---|---|---|---|
| 石河子工程职业技术学院 | 西部 | 新疆维吾尔自治区 | 公办 | 260 | 4000 | 6.50% | 98.00% |
| 湖南工程职业技术学院 | 中部 | 湖南省 | 公办 | 700 | 10000 | 7.00% | 90.90% |
| 湖南汽车工程职业学院 | 中部 | 湖南省 | 公办 | 667 | 14580 | 4.57% | 93.08% |
| 湖南财经工业职业技术学院 | 中部 | 湖南省 | 公办 | 665 | 10000 | 6.65% | 77.92% |
| 湖南三一工业职业技术学院 | 中部 | 湖南省 | 民办 | 600 | 9800 | 6.12% | 98.00% |
| 湖南工业职业技术学院 | 中部 | 湖南省 | 公办 | 608 | 9100 | 6.68% | 92.03% |
| 张家界航空工业职业技术学院 | 中部 | 湖南省 | 公办 | 452 | 12000 | 3.77% | 90.00% |
| 湖南机电职业技术学院 | 中部 | 湖南省 | 公办 | 628 | 10000 | 6.28% | 77.89% |
| 湖南生物机电职业技术学院 | 中部 | 湖南省 | 公办 | 1044 | 13000 | 8.03% | 95.00% |
| 湖南吉利汽车职业技术学院 | 中部 | 湖南省 | 民办 | 300 | 4000 | 7.50% | 98.00% |
| 长春汽车工业高等专科学校 | 东部 | 吉林省 | 公办 | 511 | 10000 | 5.11% | 95.72% |
| 吉林工程职业学院 | 东部 | 吉林省 | 公办 | 410 | 6000 | 6.83% | 79.98% |
| 吉林工业职业技术学院 | 东部 | 吉林省 | 公办 | 328 | 11315 | 2.90% | 90.67% |
| 辽宁生态工程职业学院 | 东部 | 辽宁省 | 公办 | 556 | 11714 | 4.75% | 74.81% |

续表

| 学校名称 | 东中西部地区 | 省区市 | 办学性质 | 教师人数（人） | 在校生人数（人） | 师生比 | 就业率 |
|---|---|---|---|---|---|---|---|
| 辽宁地质工程职业学院 | 东部 | 辽宁省 | 公办 | 245 | 7234 | 3.39% | 95.26% |
| 辽宁机电职业技术学院 | 东部 | 辽宁省 | 公办 | 476 | 10346 | 4.60% | 98.72% |
| 辽宁建筑职业学院 | 东部 | 辽宁省 | 公办 | 728 | 15000 | 4.85% | 98.00% |
| 广西生态工程职业技术学院 | 西部 | 广西壮族自治区 | 公办 | 647 | 15000 | 4.31% | 87.20% |
| 广西工程职业学院 | 西部 | 广西壮族自治区 | 民办 | 900 | 20000 | 4.50% | 95.00% |
| 广西工业职业技术学院 | 西部 | 广西壮族自治区 | 公办 | 1100 | 23954 | 4.59% | 93.66% |
| 广西机电职业技术学院 | 西部 | 广西壮族自治区 | 公办 | 1231 | 22132 | 5.56% | 98.00% |
| 青海建筑职业技术学院 | 西部 | 青海省 | 公办 | 269 | 4770 | 5.64% | 98.00% |
| 黑龙江农业工程职业学院 | 东部 | 黑龙江省 | 公办 | 467 | 11000 | 4.25% | 97.00% |
| 黑龙江生态工程职业学院 | 东部 | 黑龙江省 | 公办 | 253 | 6500 | 3.89% | 92.93% |
| 重庆建筑工程职业学院 | 中部 | 重庆市 | 公办 | 470 | 9500 | 4.95% | 96.00% |
| 重庆工业职业技术学院 | 中部 | 重庆市 | 公办 | 863 | 17600 | 4.90% | 96.00% |
| 石家庄科技工程职业学院 | 东部 | 河北省 | 公办 | 300 | 8100 | 3.70% | 95.00% |
| 河北工业职业技术学院 | 东部 | 河北省 | 公办 | 1500 | 20000 | 7.50% | 98.00% |

续表

| 学校名称 | 东中西部地区 | 省区市 | 办学性质 | 教师人数（人） | 在校生人数（人） | 师生比 | 就业率 |
|---|---|---|---|---|---|---|---|
| 河北工程技术高等专科学校 | 东部 | 河北省 | 公办 | 580 | 12147 | 4.77% | 95.00% |
| 襄阳汽车职业技术学院 | 中部 | 湖北省 | 公办 | 558 | 20500 | 2.72% | 94.48% |
| 湖北工程职业学院 | 中部 | 湖北省 | 公办 | 600 | 11000 | 5.45% | 97.00% |
| 湖北生态工程职业技术学院 | 中部 | 湖北省 | 公办 | 658 | 12000 | 5.48% | 95.00% |
| 武汉工业职业技术学院 | 中部 | 湖北省 | 公办 | 930 | 18000 | 5.17% | 97.00% |
| 长江工程职业技术学院 | 中部 | 湖北省 | 公办 | 100 | 10000 | 1.00% | 95.00% |
| 武汉工程职业技术学院 | 中部 | 湖北省 | 公办 | 745 | 12000 | 6.21% | 95.00% |
| 湖北工业职业技术学院 | 中部 | 湖北省 | 公办 | 500 | 10000 | 5.00% | 95.00% |
| 天津机电职业技术学院 | 东部 | 天津市 | 公办 | 148 | 9000 | 1.64% | 97.00% |
| 天津工程职业技术学院 | 东部 | 天津市 | 公办 | 197 | 9550 | 2.06% | 95.00% |
| 赤峰工业职业技术学院 | 中部 | 内蒙古自治区 | 公办 | 493 | 5737 | 8.59% | 74.41% |
| 内蒙古工业职业学院 | 中部 | 内蒙古自治区 | 民办 | 106 | 3200 | 3.31% | 86.00% |
| 内蒙古机电职业技术学院 | 中部 | 内蒙古自治区 | 公办 | 205 | 4000 | 5.13% | 83.00% |

81

续表

| 学校名称 | 东中西部地区 | 省区市 | 办学性质 | 教师人数（人） | 在校生人数（人） | 师生比 | 就业率 |
|---|---|---|---|---|---|---|---|
| 内蒙古建筑职业技术学院 | 中部 | 内蒙古自治区 | 公办 | 190 | 3700 | 5.14% | 92.00% |

注：部分学校资料空缺，不予显示

## 第二节 工程类职业技术教育现状分析

为了进一步揭示我国工程类职业技术教育的发展现状，分别以教师、学生为对象，对我国的以"工程类"命名的高职、中职院校开展了大规模的问卷调查，较为系统地分析了目前我国工程类职业技术教育的发展情况、教师和学生对工程类职业技术教育发展情况的满意程度以及对现行教育模式改革的期望和建议等现实性问题，具体的问卷调查情况如下：

### 一、以教师为主体的工程类职业技术教育现状调查与分析

通过线上发放问卷的方式对工程类高职、中职院校的教师群体展开了详细的调查。本次发放问卷共50份，共收集到有效调查问卷44份，试卷的回收率为88%，问卷的发放过程充分考虑了空间的优化配置，也尽可能地选择了东、中、西部不同类型的职业院校。

从表4-11可见，调研有效填写人数中女性占有较大比重，具体表现为：男性共12份，占总人数的27.27%；女性共32份，占总人数的

72.73%。通过问卷的性别组成可以看出，目前我国工程类职业技术教育的教师群体中女性教师比例高于男性教师，这也反映出我国目前工程类教育行业从业人员中男性的比重低于女性的特点。

表 4-11 受访者群体的性别组成

| 选项 | 小计（人） | 比例 |
| --- | --- | --- |
| 男 | 12 | 27.27% |
| 女 | 32 | 72.73% |
| 本题有效填写人次 | 44 | |

从表 4-12 可见，从年龄结构组成来看，目前从事职业类教育的教师以青年为主，在各年龄段内，位于 20~30 岁区间内共计 11 人，占总人数的 25.00%；年龄段位于 31~40 岁区间内共计 22 人，占总人数的 50.00%；年龄段位于 41~50 岁区间内共计 8 人，占总人数的 18.18%；年龄段位于 51~60 岁区间内共计 3 人，占总人数的 6.82%。从表 4-12 中可以看出，31~40 岁是受访人群中数量最多的年龄阶级。通过问卷的年龄结构组成可以看出，目前我国工程类职业技术教育的教师群体以青壮年教师为主，这也侧面反映目前我国的工程职业技术教育教师群体进一步年轻化，人员结构较为合理，这为日后我国基础技术人才教育的快速发展奠定了一定的基础。

表 4-12 受访者年龄结构

| 选项 | 小计（人） | 比例 |
| --- | --- | --- |
| 20—30 岁 | 11 | 25.00% |
| 31—40 岁 | 22 | 50.00% |

续表

| 选项 | 小计（人） | 比例 |
|---|---|---|
| 41—50 岁 | 8 | 18.18% |
| 51—60 岁 | 3 | 6.82% |
| 60 岁以上 | 0 | 0% |
| 本题有效填写人次 | 44 | |

从表4-13可见，在受访的44人中，有1人为中专院校教师，占总人数的2.27%；6人为技工院校教师，占总人数的13.64%；有37人为大专院校教师，占总人数的84.09%，表明我国目前中职院校教师相对匮乏，教师人数较少。中职院校作为我国基础技术人才培养的摇篮，应该加强教师队伍的建设。

表4-13 受访教师的工作院校类型

| 选项 | 小计（人） | 比例 |
|---|---|---|
| 中专院校 | 1 | 2.27% |
| 技术学院 | 6 | 13.64% |
| 大专学院 | 37 | 84.09% |
| 本题有效填写人次 | 44 | |

在受访教师的教龄中，教龄5年以内的共14人，占比31.82%；教龄5~10年的共15人，占比34.09%；教龄10~20年的共15人，占比34.09%；教龄20年以上的没有。从表4-14可以看出，我国目前工程类职业技术教育的教师群体教龄普遍低于20年，在受访教师中教龄达20年及以上的人数极少，工程类职业技术教育缺乏经验丰富的老教师，这对于基础技术人才培养的工作有一定的滞后作用。

表 4-14 受访者教龄结构

| 选项 | 小计（人） | 比例 |
| --- | --- | --- |
| 5年以内 | 14 | 31.82% |
| 5~10年 | 15 | 34.09% |
| 10~20年 | 15 | 34.09% |
| 20年以上 | 0 | 0 |
| 本题有效填写人次 | 44 | |

为了进一步摸清我国工程类职业技术教育中教师群体的社会定位，我们对教师群体开展了工程类职业技术教育社会定位的问卷调查，在问卷调查中，选择培养专业技术人才的共38人，占比86.36%；选择培养一线生产工人的共2人，占比4.55%；选择成绩偏差的学生所接受的教育共4人，占比9.09%。从表4-15可见，大多数教师比较肯定工程类职业技术教育的社会定位是培养相关的技术人才和一线产业工人的。工程类职业技术教育作为当今世界主要的培养技能型人才的教育体系，其在人才培养和社会经济贡献中发挥的作用不言而喻。

表 4-15 教师对于工程类技术教育的社会定位

| 选项 | 小计（人） | 比例 |
| --- | --- | --- |
| 培养专业技术人才 | 38 | 86.36% |
| 一线生产工人 | 2 | 4.55% |
| 成绩偏差的学生所接受的教育 | 4 | 9.09% |
| 本题有效填写人次 | 44 | |

随着近年来中国制造的快速发展，工程类职业技术教育迅速发展，在分析这一快速发展的影响因素中，有22位老师选择了国家政策资金

支持，占比50.00%；有15人选择了学校培养模式改进，占比34.09%；没有人选择学生学习热情提供；有6人选择了社会对职教观念转变，占比13.64%，详见表4-16。调查中可见，半数教师认为国家政策资金的支持是职业技术教育快速发展的关键，此外，赞同学校培养模式改进的比例也较高。

表4-16 我国工程类职业技术教育快速发展主要因素

| 选项 | 小计（人） | 比例 |
| --- | --- | --- |
| 国家政策资金支持 | 22 | 50.00% |
| 学校培养模式改进 | 15 | 34.09% |
| 学生学习热情提供 | 0 | 0 |
| 社会对职教观念转变 | 6 | 13.64% |
| 其他 | 1 | 2.27% |
| 本题有效填写人次 | 44 | |

教师群体中大部分人员对于我国工程类职业技术教育的发展前景充满希望。针对此问题设计的调查问卷显示，选择适应时代需求，迅猛发展的共41人，占比93.18%；选择在一定时间内停滞不前的共2人，占比4.55%，详见表4-17。从表中可见，教师群体对工程类职业技术教育未来的发展前景持较为乐观的态度，绝大多数教师认为工程类职业技术教育处在快速发展的上升期。

表4-17 对于中国工程类职业技术教育发展前景的认知

| 选项 | 小计（人） | 比例 |
| --- | --- | --- |
| 适应时代需求，迅猛发展 | 41 | 93.18% |
| 在一定时间内停滞不前 | 2 | 4.55% |

续表

| 选项 | 小计（人） | 比例 |
|---|---|---|
| 逐渐没落 | 0 | 0 |
| 难以言状 | 1 | 2.27% |
| 本题有效填写人次 | 44 | |

尽管目前我国工程类职业技术教育快速发展，大部分人员对于工程类职业技术教育的发展前景也持积极乐观态度，但其毕业生就业较难是一个不争的事实。基于问卷调查，从表4-18可见，对于影响毕业生就业的因素选择中，选择考核成绩的教师共2人，占比4.55%；选择证书的教师共2人，占比4.55%；选择专业操作技能的共12人，占比27.27%；选择个人综合能力的共23人，占比52.27%；选择实习经验的共1人，占比2.27%；选择学校知名度的共3人，占比6.82%；另外还有1人选择了其他选项，占比2.27%。在教师人群中，认为个人综合能力对就业影响最大的人数最多，占到五成以上，其次是专业操作技能。这也表明，目前我国工程类职业技术教育中，毕业生的个人综合能力较差是导致就业较难的主要影响因素。

表4-18 工程类职业技术教育毕业生就业的主要影响因素

| 选项 | 小计（人） | 比例 |
|---|---|---|
| 考核成绩 | 2 | 4.55% |
| 证书 | 2 | 4.55% |
| 专业操作技能 | 12 | 27.27% |
| 个人综合能力 | 23 | 52.27% |
| 实习经验 | 1 | 2.27% |

续表

| 选项 | 小计（人） | 比例 |
|---|---|---|
| 学校知名度 | 3 | 6.82% |
| 其他 | 1 | 2.27% |
| 本题有效填写人次 | 44 | |

对于当前工作单位所应用的教育模式的看法，认为较为合理的共17人，占比38.64%；认为一般的共26人，占比59.09%；没有人认为较差；认为难以言状的共1人，占比2.27%（表4-19）。由此看来，工程类职业技术院校中的教师对学校当前应用的教学模式多持有积极的评价，但从选择一般选项的人数较多这一情况来看，当前的教学模式仍存在较大的提升空间，课堂教学模式改革依然任重道远。

表4-19 所在学校目前应用的教学模式是否合理

| 选项 | 小计（人） | 比例 |
|---|---|---|
| 合理 | 17 | 38.64% |
| 一般 | 26 | 59.09% |
| 较差 | 0 | 0 |
| 难以言状 | 1 | 2.27% |
| 本题有效填写人次 | 44 | |

教学模式是课堂教学的核心，对于工程类职业技术教育中如何进行合理的教学安排，教师群体的个体差异显著。从表4-20可见，教师群体对于心目中较为理想的工程类职业技术教育教学理论的选择中，选择完全依靠理论教育的共0人，占比0；选择理论教育占较大比重的共5人，占比11.36%；选择理论与实践占比相同的共26人，占比59.09%；

选择实践占较大比重的共 13 人，占比 29.55%；选择完全依靠实践教育的共 0 人，占比 0。选择偏重于理论教育的人数较少，而选择偏重于实践教育的教师占到多数，可以看出目前的教学中工程类职业技术院校教师的思维已经向实践教育转化，认识到实践教学对提升学生能力的重要性。

表 4-20　教师群体心目中理想的工程类职业技术教育考核方式

| 选项 | 小计（人） | 比例 |
| --- | --- | --- |
| 完全依靠理论教育 | 0 | 0 |
| 理论教育占较大比重 | 5 | 11.36% |
| 理论与实践占比相同 | 26 | 59.09% |
| 实践占较大比重 | 13 | 29.55% |
| 完全依靠实践教育 | 0 | 0 |
| 本题有效填写人次 | 44 | |

对于目前我国高职中职院校所使用的教学模式和方法的满意程度，教师群体持比较中肯的态度，认为对自己目前使用的教学模式和方法完全满意的共 3 人，占比 6.82%；认为基本满意的共 38 人，占比 86.36%；认为不满意的共 3 人，占比 6.82%。从表 4-21 可见，教师对当前使用的教学模式持基本满意的态度，但也存在少数不满意的情况。

表 4-21　教师群体对现在使用的教学模式和方法满意程度

| 选项 | 小计（人） | 比例 |
| --- | --- | --- |
| 非常满意 | 3 | 6.82% |
| 基本满意 | 38 | 86.36% |

续表

| 选项 | 小计（人） | 比例 |
|---|---|---|
| 不满意 | 3 | 6.82% |
| 本题有效填写人次 | 44 | |

为了应对新时代工程技术的升级换代，多数中高职院校积极的推行教学改革活动，然而中高职院校的教师们对于目前学校推行的教学改革活动也存在个体差异，详见表4-22所示。其中，选择积极接受，自我研讨并改善教学模式的共36人，占比81.82%；选择照搬其他院校教学模式的共6人，占比13.64%；选择没有落实到实际的共2人，占比4.54%。调查结果说明，大多数工程类职业技术院校的教师认为所在学校积极地推进教学改革，希望对教学模式做出改善；但也有个别院校存在教学模式改革照搬照抄、落实不到位的情况，依然需要有针对性地进行引导和完善。

表4-22 对当前学校教学改革活动的态度

| 选项 | 小计（人） | 比例 |
|---|---|---|
| 积极接受，自我研讨并改善教学模式 | 36 | 81.82% |
| 照搬其他院校的教学模式 | 6 | 13.64% |
| 很少做出改变 | 0 | 0 |
| 没有落实到实际 | 2 | 4.54% |
| 本题有效填写人次 | 44 | |

对于是否愿意在自己教授的课堂推行教学模式的改革，选择愿意积极接受的共30人，占比68.18%；认为自己将有选择性地接受的共13人，占比29.55%；选择意愿比较冷淡的共1人，占比2.27%；未有人

选择完全排斥。从表 4-23 可见，大多数教师对教学模式改革持积极开放的态度，愿意尝试教学模式的创新性改革，这也有力说明我国工程类职业技术教育模式改革是正向的、有作用的。

表 4-23 尝试教学模式改革的意愿程度

| 选项 | 小计（人） | 比例 |
| --- | --- | --- |
| 积极接受 | 30 | 68.18% |
| 有选择性地接受 | 13 | 29.55% |
| 比较冷淡 | 1 | 2.27% |
| 完全排斥 | 0 | 0 |
| 本题有效填写人次 | 44 | |

对于优化教学模式的项目方面，选择提高教师素质的共 13 人，占比 29.55%；选择增大实践比例的共 12 人，占比 27.27%；选择理论与实践相结合的共 18 人，占比 40.91%；选择活跃课堂气氛的共 1 人，占比 2.27%。从表 4-24 可以看出，大多数教师将课堂教学模式的优化重点放在提升实践能力和提升教师自身素质上，其中实践能力的提升已经成为课堂教学模式改革的重中之重。

表 4-24 最能优化教学模式的项目

| 选项 | 小计（人） | 比例 |
| --- | --- | --- |
| 提高教师素质 | 13 | 29.55% |
| 增大实践比例 | 12 | 27.27% |
| 理实结合 | 18 | 40.91% |
| 活跃课堂气氛 | 1 | 2.27% |

续表

| 选项 | 小计（人） | 比例 |
| --- | --- | --- |
| 其他 | 0 | 0 |
| 本题有效填写人次 | 44 | |

对于是否定期安排实践教学这一问题，选择安排的共33人，占比75%；选择部分安排的共11人，占比25%，见表4-25所示。所有受访教师都表示其所在学校会定期安排学生从事实践学习，说明工程类职业技术教育的实践教学已经作为当前教育模式中的基础要素，在目前工程类职业技术教育人才培养中占有重要地位。

表4-25　是否定期安排实践教学

| 选项 | 小计（人） | 比例 |
| --- | --- | --- |
| 安排 | 33 | 75.00% |
| 部分安排 | 11 | 25.00% |
| 不安排 | 0 | 0 |
| 本题有效填写人次 | 44 | |

对于是否愿意前往企业开展实训教学计划这一问题，选择非常愿意的共23人，占比52.27%；选择愿意的共18，占比40.91%；选择无所谓的共1人，占比2.27%；选择不愿意的共2人，占比4.55%。从表4-26中可知，教师参与企业实训是提升教师教学能力的重要途径。可以看出，大多数教师愿意前往企业参加实训以增强其实践教学能力，这也是目前工程类职业技术教育发展中一项积极因素。

表 4-26 前往企业开展实训教学计划的意愿度

| 选项 | 小计（人） | 比例 |
| --- | --- | --- |
| 非常愿意 | 23 | 52.27% |
| 愿意 | 18 | 40.91% |
| 无所谓 | 1 | 2.27% |
| 不愿意 | 2 | 4.55% |
| 本题有效填写人次 | 44 | |

在影响教师开展实训教学计划的因素这一问题中，14人选择了科研压力太大，占比31.82%；27人选择了教学任务太重，占比61.36%；15人选择了家庭原因，占比34.09%；13人选择了收获不大，占比29.55%；13人选择了学校没有相应的支持，占比29.55%；另外有8人还选择了其他原因，占比18.18%。从表4-27可见，影响教师参加企业实训教学的阻力主要来自教学任务重、科研压力大和家庭原因，其中因教学任务太重而影响教师参加实训的超过了半数。

表 4-27 影响教师开展实训教学计划的因素

| 选项 | 小计（人） | 比例 |
| --- | --- | --- |
| 科研压力太大 | 14 | 31.82% |
| 教学任务太重 | 27 | 61.36% |
| 家庭原因 | 15 | 34.09% |
| 收获不大 | 13 | 29.55% |
| 学校没有相应的支持 | 13 | 29.55% |
| 其他 | 8 | 18.18% |

对于在企业参加实训教学时遇到的阻力问题，有17人选择了没有合适的岗位，占比38.64%；有34人选择了无法接触核心业务，占比77.27%；有19人选择了可选择企业太少，占比43.18%；有20人选择了与教学契合度低，占比45.45%；有13人选择了时间安排不合理，占比29.55%；另外还有3人选择了其他原因，占比6.82%（表4-28）。

表4-28 在企业参加实训教学时遇到的阻力

| 选项 | 小计（人） | 比例 |
| --- | --- | --- |
| 没有合适的岗位 | 17 | 38.64% |
| 无法接触核心业务 | 34 | 77.27% |
| 可选择企业太少 | 19 | 43.18% |
| 与教学契合度低 | 20 | 45.45% |
| 时间安排不合理 | 13 | 29.55% |
| 其他 | 3 | 6.82% |

## 二、在校生视角的工程类职业技术教育现状调查与分析

学生作为课程教学的主体，其学习领会能力以及对课堂教学的主观感知能力是影响教学效果的重要因素，为了进一步查明我国目前工程类职业技术教育教学中学生群体的认知情况，特组织了针对学生群体的问卷调查。在针对工程类职业技术院校学生的调查问卷中，系统地分析了学生选择接受工程类职业技术教育的初衷、在校学生对当前所接受工程类职业技术教育的理解和满意程度、对专业老师和课堂教学模式的看法和建议以及对我国工程类职业技术教育模式未来发展的展望等问题。本次调查共发放问卷600份，收集到有效调查问卷583份，问卷回收率为97.17%。学生问卷的发放也是遵循样本空间均衡的原则，尽量在全国

范围内选取具有代表性的在校生完成答卷。

在本次受访者中，12~18岁受访者共192人，占比32.93%；19—22岁受访者共387人，占比66.38%；22岁以上受访者共4人，占比0.69%。从表4-29可以看出，绝大多数受访者的年龄处于12~22岁之间，与我国职业技术教育的主要受众群体年龄相吻合。

表4-29 受访者年龄结构

| 选项 | 小计（人） | 比例 |
| --- | --- | --- |
| 12~18岁 | 192 | 32.93% |
| 19~22岁 | 387 | 66.38% |
| 22岁以上 | 4 | 0.69% |
| 本题有效填写人次 | 583 | |

在受访的583人中，中职、中专学生共23人，占比3.95%；高职、高专学生共560人，占比96.05%（表4-30）。因此，本次问卷调查能较好地反映高职学生对待职业技术教育的态度。

表4-30 受访者在读学校的类型

| 选项 | 小计（人） | 比例 |
| --- | --- | --- |
| 中职、中专 | 23 | 3.95% |
| 高职、高专 | 560 | 96.05% |
| 本题有效填写人次 | 583 | |

工程类职业技术院校的入学率低是目前我国职业技术教育面临的通病，毕业生选择工程类职业技术院校作为自身技能培养和学习的地方是有多方面原因的。针对此方面的问卷调研结果显示，家人安排的选项共

42人选择，占比7.20%；选择朋友推荐的共23人，占比3.95%；选择个人意愿的共507人，占比86.96%；选择经济原因的共11人，占比1.89%（表4-31）。可以看出，学生选择工程类职业技术院校最主要的原因还是个人意愿，其次家人和朋友的建议也对学生的选择有一定程度影响，家庭经济因素的影响程度较小。

表4-31 选择工程类职业技术院校的原因

| 选项 | 小计（人） | 比例 |
| --- | --- | --- |
| 家人安排 | 42 | 7.20% |
| 朋友推荐 | 23 | 3.95% |
| 个人意愿 | 507 | 86.96% |
| 经济原因 | 11 | 1.89% |
| 本题有效填写人次 | 583 | |

在学生选择了入学职业技术教育之后，面临着陌生的环境、陌生的专业，很多人感到茫然，针对所学专业的了解程度也差异显著。调查结果显示，选择非常了解的共38人，占比6.52%；选择比较了解的共334人，占比57.29%；选择了解较少的共203人，占比34.82%；选择完全没有了解的共8人，占比1.37%（表4-32）。可以看出，绝大多数学生对本专业的市场技能需求和就业状况都有一定的了解。

表4-32 对自己所学专业的市场技能需求和就业前景是否了解

| 选项 | 小计（人） | 比例 |
| --- | --- | --- |
| 非常了解 | 38 | 6.52% |
| 比较了解 | 334 | 57.29% |

续表

| 选项 | 小计（人） | 比例 |
|---|---|---|
| 了解较少 | 203 | 34.82% |
| 完全没有了解 | 8 | 1.37% |
| 本题有效填写人次 | 583 | |

工程类职业技术院校学生毕业就业机会少、就业难也是目前我国职业技术类教育面临的一个重要困境，在针对工程类职业技术院校学生主体的毕业生就业影响因素的问卷调查中，选择考核成绩的共36人，占比6.17%；选择证书的共147人，占比25.21%；选择专业操作技能的共154人，占比26.42%；选择个人综合能力的共222人，占比38.08%；选择实习经验的共24人，占比4.12%（表4-33）。该结果表明，在学生眼中对自己就业影响较大的是个人综合能力、专业操作技能和证书，对考核成绩和实习经验认同感不强。

**表4-33  对工程类职业技术教育毕业生就业影响最主要的因素**

| 选项 | 小计（人） | 比例 |
|---|---|---|
| 考核成绩 | 36 | 6.17% |
| 证书 | 147 | 25.21% |
| 专业操作技能 | 154 | 26.42% |
| 个人综合能力 | 222 | 38.08% |
| 实习经验 | 24 | 4.12% |
| 本题有效填写人次 | 583 | |

课堂教育作为职业能力教育的重要形式，是技能及知识获取的主要场所。对于教师所教授的教学内容，有59人表示能充分理解，占比

10.12%；有 426 人表示能基本理解，占比 73.07%；有 93 人认为较难理解，占比 15.95%；另外还有 5 人表示完全不能理解，占比 0.86%（表 4-34）。该结果表明，我国目前职业技术教育的教学水平和学生理解能力能够基本匹配，大多数学生能理解教师传授的知识，但也存在少部分学生对教学知识难以理解的现象，这需要我们从教师和学生两方面进行反思和改进。提升课堂教学水平，改变现有的落后教学模式是目前职业技能教育面临的一大挑战。

表 4-34　当前学习过程中对教师的教学内容是否理解

| 选项 | 小计（人） | 比例 |
| --- | --- | --- |
| 能充分理解 | 59 | 10.12% |
| 能基本理解 | 426 | 73.07% |
| 较难理解 | 93 | 15.95% |
| 完全不理解 | 5 | 0.86% |
| 本题有效填写人次 | 583 | |

就在校生而言，喜欢传统的教师灌输式的共有 46 人，占比 7.89%；喜欢师生互动式学习的共有 500 人，占比 85.76%；选择学生自主式学习的共有 37 人，占比 6.35%（表 4-35）。说明师生互动式学习目前较能被大部分学生接受，愿意接受传统教师灌输式教学和学生自主式的人占比较小。

表 4-35　理想的教学模式

| 选项 | 小计（人） | 比例 |
| --- | --- | --- |
| 传统的教师灌输式 | 46 | 7.89% |
| 师生互动式学习 | 500 | 85.76% |

续表

| 选项 | 小计（人） | 比例 |
| --- | --- | --- |
| 学生自主式学习 | 37 | 6.35% |
| 本题有效填写人次 | 583 | |

问卷调查的结果表明，学生群体对于理想型的教学考核模式也存在差异，选择实践操作的共150人，占比25.73%；选择理论考核的共36人，占比6.17%；选择提交作品的共31人，占比5.32%；选择实践与理论相结合的共366人，占比62.78%（表4-36）。可以看出，在学生群体中，实践和理论知识相结合的学习已经成为较为普遍的观点。

**表4-36 心目中理想型的教学考核模式**

| 选项 | 小计（人） | 比例 |
| --- | --- | --- |
| 实践操作 | 150 | 25.73% |
| 理论考核 | 36 | 6.17% |
| 提交作品 | 31 | 5.32% |
| 实践与理论相结合 | 366 | 62.78% |
| 本题有效填写人次 | 583 | |

基于问卷分析结果发现，对学校课程教学的满意程度方面，目前访谈学生中有175人选择很满意，占比30.02%；选择较满意的有363人，占比62.26%；选择较不满意的共35人，很不满意的共10人，分别占比6.00%和1.72%（表4-37）。总体而言，工程类职业技术院校学生对当前课程的教学状况处在较良好的水平，在校生通过课堂能够学习到相应的技能。

表 4-37 对目前学校课程教学的满意程度

| 选项 | 小计（人） | 比例 |
| --- | --- | --- |
| 很满意 | 175 | 30.02% |
| 较满意 | 363 | 62.26% |
| 较不满意 | 35 | 6.00% |
| 很不满意 | 10 | 1.72% |
| 本题有效填写人次 | 583 | |

随着信息化、数字化时代的到来，大量的理论知识与技能更新速度提升，为教师全体授课带来了很大压力，知识更新的滞后有可能影响学生毕业后的工作导向。针对课程教学中教师对于新技术、新技能的把握，选择完全能够把握的共 107 人，占比 18.35%；选择较能把握的共 435 人，占比 74.61%；选择很难把握的共 37 人，占比 6.35%；选择完全不能把握的共 4 人，占比 0.69%（表 4-38）。结果表明，工程类职业技术院校中的教师对当前社会技能需求的理解和把握相对较好。

表 4-38 目前的教学内容是否能够体现教师对当前社会技能需求的理解和把握

| 选项 | 小计（人） | 比例 |
| --- | --- | --- |
| 完全能够把握 | 107 | 18.35% |
| 较能把握 | 435 | 74.61% |
| 很难把握 | 37 | 6.35% |
| 完全不能把握 | 4 | 0.69% |
| 本题有效填写人次 | 583 | |

针对如何提升课程教学效果，有 45 人选择提高教师素质，占比 7.72%；有 204 人选择增大实践比例，占比 34.99%；有 222 人选择理论与实践相结合，占比 38.08%；有 102 人选择活跃课堂气氛，占比 17.50%；另外还有 10 人选择了其他选项，占比 1.71%（表 4-39），说明目前工程类职业技术院校学生对提升实践在教学中的地位有着较大的需求。

表 4-39 提升课程教学效果的选项

| 选项 | 小计（人） | 比例 |
| --- | --- | --- |
| 提高教师素质 | 45 | 7.72% |
| 增大实践比例 | 204 | 34.99% |
| 理实结合 | 222 | 38.08% |
| 活跃课堂气氛 | 102 | 17.50% |
| 其他 | 10 | 1.71% |
| 本题有效填写人次 | 583 |  |

社会力量办学是当前技术类培训教育的一个新动力，社会力量紧跟社会需求具有明确的需求导向性和资金优势，因此被职业技术教育广泛接受。在针对此方面的问卷调研中，受访者认为社会办学是职业技术教育很好的补充的有 316 人，占比 54.20%；选择了前景不明的有 170 人，占比 29.16%；选择了应给予支持的有 364 人，占比 62.44%；选择了比较混乱，需加强监管的有 147 人，占比 25.21%；选择了其他选项的有 90 人，占比 15.44%（表 4-40）。从调查结果可以看出，学生群体对社会力量参与办学的评价主要是正向的，多数认为社会力量参与办学是对职业技术教育的良好补充，应该予以支持，但也有学生表示出对社会力

量办学监管不足和发展前景不明的担忧。

表 4-40 对于社会办学的态度

| 选项 | 小计（人） | 比例 |
| --- | --- | --- |
| 很好的补充 | 316 | 54.20% |
| 前景不明 | 170 | 29.16% |
| 应给予支持 | 364 | 62.44% |
| 比较混乱，需加强监管 | 147 | 25.21% |
| 其他 | 90 | 15.44% |

在社会力量办学过程中会出现许多问题，针对这些问题的调研中发现，有 432 人认为师资力量是影响社会办学的最主要问题，占比 74.10%；选择了教学质量的有 438 人，占比 75.13%；选择了契合社会需求的有 367 人，占比 62.95%；选择了加强监管的有 339 人，占比 58.15%；选择了资金投入的有 295 人，占比 50.60%；选择了偏重理论的有 112 人，占比 19.21%；选择了利用企业资源的有 248 人，占比 42.54%；选择了加强高校合作的有 301 人，占比 51.63%；选择了资源共享的有 279 人，占比 47.86%；选择了教材选编的有 172 人，占比 29.50%。从表 4-41 可以看出，学生群体对社会力量参与办学的要素要求是较为全面的，其中对于师资力量、教学质量、办学力量投入、契合社会需求等方面的要求较高。

表 4-41 社会力量参与工程类职业技术院校办学中应该注意什么

| 选项 | 小计（人） | 比例 |
| --- | --- | --- |
| 师资力量 | 432 | 74.10% |
| 教学质量 | 438 | 75.13% |

续表

| 选项 | 小计（人） | 比例 |
| --- | --- | --- |
| 契合社会需求 | 367 | 62.95% |
| 加强监管 | 339 | 58.15% |
| 资金投入 | 295 | 50.60% |
| 偏重理论 | 112 | 19.21% |
| 偏重实践 | 216 | 37.05% |
| 利用企业资源 | 248 | 42.54% |
| 加强高校合作 | 301 | 51.63% |
| 资源共享 | 279 | 47.86% |
| 教材选编 | 172 | 29.50% |

实训基地建设是当前职业技能教育走出校园、校企合作的主要形式，也是寻求社会力量办学的重要形式。在实训基地建设注意事项的调研中，选择了岗位设计的有354人，占比60.72%；选择了指导教师配比的有346人，占比59.35%；选择了安全性的有397人，占比68.10%；选择了实训效果的有422人，占比72.38%；选择了学生参与度的有426人，占比73.07%；选择了企业参与度的有312人，占比53.52%；选择了与课程相关度的有306人，占比52.49%；选择了其他选项的有72人，占比12.35%（表4-42）。结果表明，工程类职业技术院校学生对实训基地的建设有着较为全面的要求，其要求主要体现在实训效果的提升、岗位全面使得学生能够全面参与到企业实训和指导老师配比的合理程度之中。此外，学生参与实训的安全性也是其重点关注的问题。

表 4-42 实训基地建设需要注意哪些事项

| 选项 | 小计（人） | 比例 |
| --- | --- | --- |
| 岗位设计 | 354 | 60.72% |
| 指导教师配比 | 346 | 59.35% |
| 安全性 | 397 | 68.10% |
| 实训效果 | 422 | 72.38% |
| 学生参与度 | 426 | 73.07% |
| 企业参与度 | 312 | 53.52% |
| 与课程相关度 | 306 | 52.49% |
| 其他 | 72 | 12.35% |

针对学生群体开展的工程类职业技术教育的社会前景感知调研中，选择适应时代需求，迅猛发展的共 497 人，占比 85.25%；选择在一定时间内停滞不前的共 56 人，占比 9.61%；选择逐渐没落的共 10 人，占比 1.71%；另外还有 20 人选择了其他选项，占比 3.43%（表 4-43），说明受访学生对我国的工程类职业技术教育发展前景持较为乐观的态度。

表 4-43 我国工程类职业技术教育发展前景看法

| 选项 | 小计（人） | 比例 |
| --- | --- | --- |
| 适应时代需求，迅猛发展 | 497 | 85.25% |
| 在一定时间内停滞不前 | 56 | 9.61% |
| 逐渐没落 | 10 | 1.71% |
| 其他 | 20 | 3.43% |
| 本题有效填写人次 | 583 | |

在以学生为视角开展的对于工程类职业技术教育发展影响因素的调研过程中，有约35.68%的学生选择国家政策资金支持是影响职业技术教育快速发展的决定因素，选择人数为208人；选择学校培养模式改进的共有213人，占比36.54%；选择学生学习热情提供的共83人，占比14.24%；选择社会对职教的观念的共有79人，占比13.54%（表4-44）。由此可知，国家的政策支持和学校自身培养模式的改革是影响职业技术教育快速发展的重要因素，在新时期创新驱动及快速发展的背景下，职业技能教育的快速发展需要一定的政策保证和院校自身不断改革创新。

表4-44 我国职业技术教育快速稳步发展关键因素

| 选项 | 小计（人） | 比例 |
| --- | --- | --- |
| 国家政策资金支持 | 208 | 35.68% |
| 学校培养模式改进 | 213 | 36.54% |
| 学生学习热情提供 | 83 | 14.24% |
| 社会对职教的观念 | 79 | 13.54% |
| 本题有效填写人次 | 583 | |

# 第五篇　现行基础技术人才的教育模式介绍

# 第一章　国外经典教育模式

教育模式是教育在一定社会条件下形成的具体样式。针对技术人才国内外不同学者提出了许多适用于当地的教学模式，本篇系统整理了国内外较为流行的现行基础技术人才教学模式。目前熟知的国外经典教育模式有以下几种：美国 CBE 职业技术教育模式；德国"双轨制"职业技术教育模式；MES 职业技术教育模式；"教学工厂"职业技术教育模式；TAFE 职业技术教育模式；英国职业技术教育模式。

## 第一节　美国的 CBE 职业技术教育模式

CBE 是 Competency-Based Education 的缩写，译成汉语是以能力为

基础的教育。早在"二战"期间，以实际能力为基础的教育便在美国出现了。当时美国急于生产军火，许多厂家民转军，需要将许多不会从事军工生产的工人、技术人员进行再培训，时间要求紧，技能要求严，CBE的雏形便应运而生了。CBE的理论支柱可以归纳为三点：一是系统论和行为科学，这些研究认为，人的需要、动机、信念、态度与期望，在人的行为中起着至关重要的作用；二是美国教育学家本杰明·布鲁姆（Benjamin Bloom）提出的"有效的教学始于准确希望达到的目标"；三是教育目标分类学认为"只要在提供恰当材料和进行教学的同时，给以适当的帮助和充分的时间，90%的学生能掌握规定的目标。"到二十世纪七八十年代以后，产业界需要教育部门更多地听取他们的意见，满足他们对各类从业人员为适应分工日趋详尽的岗位需要而进行培训和再培训的要求。这时如何解决社会化的教育去满足个体化需求的矛盾；如何解决班级、学期教学制度与时间上要有灵活性，能力上强调针对性的矛盾便愈显突出：所有这些促成了CBE的产生。

## 一、美国CBE职业技术教育模式的发展

CBE（Competency Based Education）职业技术教育模式产生于20世纪70年代的美国，该模式是以职业能力培养为中心，以布鲁姆的"目标分类理论"为依据。该模式的核心是职业能力培养，而职业能力被看作教育的培养目标和评价标准，在整个教育教学过程中，其目的也非常鲜明。课程教授和素质培养都是围绕学生能够胜任某一职业所必需的知识、技能、情感态度等在内的职业能力，而这些职业能力更具有综合性、针对性。CBE职业技术教育模式于20世纪90年代开始流行，主要集中在北美地区的发达国家，以美国最盛。

## 二、美国中等农业职业技术教育的发展

美国中等农业职业技术教育的发展经历了三个时期：萌芽时期、稳定发展时期和繁荣发展时期。到今天已经形成较为完备的教学与实践体系，其教育发展模式有三个方面，即注重于理论和技术教学的农业课堂和实验室指导、注重于实践教学的农业经验指导和注重理论与实践融合以提升农民职业能力的FFA（Future Farmers Association）组织培训。通过对其发展历史及发展模式的分析，我国中等农业职业技术教育应该健全相关立法，注重科技与实用性教学体系改革以及强化理论与实践的联系过程。美国中等农业职业技术教育的发展史从制度体系上看，最早可以追溯到1917年制定的《史密斯-休斯法案》，该法首次明确提出中等农业职业技术教育发展形势及联邦政策支持体系。1963年的《职业技术教育法》、1984年的《职业技术教育法修正案》（也称《卡尔·帕金斯职业技术教育法案》）这两部法律扩充了中等农业职业技术教育的内容和形式，综合了学术教育与职业技术教育的关系。当然，1997年的《残疾人教育法》、2002年的《不让一个孩子落后法案》等法律法规也涉及中等农业职业技术教育。

（一）萌芽时期：学徒制的出现

可以说，学徒制是美国农业职业技术教育发展的前身，学徒制推动了美国实现农业职业技术教育发展的规范化。到20世纪初期，学徒制开始规范化，大量的农业高级中等学校开始建立，这些农业高中为农民提供基本的农业技术指导和各类生物、化学等方面的应用学科教育。到1909年，专门的农业高级中学已达33所，其中有24所学校获得了各州

的财政支持,使得中等农业职业技术教育的制度雏形逐渐形成。但客观来看,这些由学徒制演变而来的高级中学对农民的支持还是较为有限的。

(二) 稳定发展时期:《史密斯-休斯法案》的颁布

美国的农业职业技术教育最初是从高等教育开始的。1862年通过的《莫雷尔法案》要求各州立大学建立"农业机械及技术学院"。到20世纪初期,这些农业机械与技术学院开始从各州立大学中纷纷独立,成为美国著名的"赠地大学",这些学校演变成今天各州立大学的农学院。到1905年,各县的农业实验站开始进入"赠地大学",农业高等教育得到快速的发展。农业高等教育的发展并不能弥补中等农业职业技术教育的缺陷。直到1917年,美国国会通过《史密斯-休斯法案》,要求在"赠地大学"之外建立一套中等农业职业技术教育体系,该法是美国中等农业职业技术教育的最早立法,明确了联邦政府在中等农业职业技术教育中的角色和责任。到了20世纪30年代,美国中等农业职业技术教育的教育对象开始放宽,除了14—18周岁的青年人以外,有继续教育学习需求的农场主和农业工人也可以参加其课程学习。至此,美国中等农业职业技术教育制度正式确立,进入稳定的发展时期,推动美国农民实现职业化、技能化和终身化的发展。

(三) 繁荣发展时期:《职业技术教育法案》等系列法案的颁布

1963年,美国国会通过的《职业技术教育法案》规范了美国中等农业职业技术教育的制度体系。该法明确规定了中等农业职业技术教育体系是美国职业技术教育体系的一部分,该体系向全美的农民、农业工人及农场主开放，任何人均可以参加该职业技术教育体系的学习。1984年，《职业技术教育法案》进行一次较大范围的修改，提出学术教育（高等农业教育）和中等农业职业技术教育的融合，中等农业职业技术教育的学习者可以通过学分积累，进入"赠地大学"学习；同时高等农业教育的学生通过学分互换，可以临时到中等农业职业技术学校学习相关的农业技能，确保了中等农业职业技术教育和高等农业教育之间的互通。1997年的《残疾人教育法》对作为农业劳动力的残疾人给予特殊的学习和照顾政策，要求各个中等农业职业技术学校不得对残疾人实施歧视，并要求联邦政府为残疾人参加中等农业职业技术教育学习提供额外的生活及就业补贴。2002年，《不让一个孩子落后法案》更是确立了中等教育的平等性，确保了中等农业职业技术教育和其他普通中等教育的平等地位以及获得政府的同等支持。从整体看，美国中等农业职业技术教育是以学生的职业发展为导向开展的项目教学体制，有三种基本的模式体系：农业课堂与实验室指导（Classroom and Laboratory Instruction，CLI）、农业经验指导（Supervised Agricultural Experience，SAE）以及未来农民组织培训（Future Farmers Association，FFA）。

### 三、美国校企合作职业技术教育模式

自1862年《莫雷尔法案》颁布至今，美国校企合作发展已有一百多年的历史，经过长期的理论探索和实践经验总结，已形成一系列具有美国特色的合作教育模式。美国校企合作模式——辛辛那提模式和安提亚克模式。

（一）辛辛那提模式

他要求部分专业的学生于每一学年中应当有四分之一的时间到专业

对口的单位去实习，以获取必要的实践经验，促进学生将理论学习和社会实践及时结合起来，这种合作教育模式将学生的实习时间集中起来，可以使他们的实践经验具有系统性和连续性；他主张学生应当长期在一个专业对口的单位进行实训，以保障学生的专业定向和就业；此外他还主张合作教育应当在应用学科中开展，如建筑、工程等，这既是辛辛那提模式的特点又是该模式的缺点，他把合作教育限制在应用技术学科内，影响合作教育在高等职业技术教育的多个学科领域中展开。

(二) 安提亚克模式

该模式采用半天交替形式，学生上午在校学习理论知识，下午和晚上做兼职工作，他要求每一位学生都必须采用"学习—工作—学习"的方式完成学业。该模式倡导并实施全人教育，要求每个学生到多个社会生产领域和部门实习。这种学习与工作的定期转换，不仅可以帮助学生掌握实践经验，还可以促进学生在多个方面得到充分锻炼和发展。

**四、美国高等职业技术教育类型**

在辛辛那提模式和安提亚克模式的影响下，美国逐渐发展、形成多种具有美国特色的职业技术教育类型。

(一) 社区学院模式

社区学院是在20世纪初形成的，其工作重心是培养社区所需的职业技术人才，社区需要什么类型的人才，学院就设置与其相关的专业。由于社区学院的课程设置与当地经济发展和社会需求密切关联，并以实用型技术专业为主，这就决定了社区学院将主动参与、服务当地经济建设和发展。此外，保护大批退伍军人参加职业培训和正常就业权利的《退伍军人就业法》大大刺激了社区学院的发展。

（二）企业大学模式

到了20世纪，美国的一些金融、制造企业的内部培训机构逐步发展为企业大学，目前已涵盖制造、零售、运输、金融、通信、公共事业和农业等大多数行业领域，成为一种新型的职业技术教育模式。其显著特点主要有四点：第一，企业大学的主要任课教师均来自生产第一线，实践经验丰富；第二，企业大学的课程和实践内容主要是企业需求的技术问题，切实将理论学习与技术应用结合起来，实现科学技术创新与转化；第三，实训场所多为企业的生产第一线；第四，企业大学大都是由大企业创办，如摩托罗拉大学、通用汽车公司的工程管理学院、兰德公司的兰德研究生院等。

（三）科技园及创新中心模式

科技园及创新中心模式的代表有：以斯坦福大学为依托的硅谷科技园、波士顿128号公路高新技术园区及北卡罗来纳州研究三角园区等。这一模式的典型特征是以科研型大学为主办单位，充分利用大学的人才与科研优势参与政府引导的技术创新活动，创建高科技园区。由于这一类科技园区主要由高校参与创建，因而成为学生首要的实践基地，大大缩短学生将理论与实践结合的周期，并可及时检验和反馈学校的教学质量，促进学校教育目标及教学内容的不断完善和提高，培养出较好适应企业需要的实用型人才。

### 五、CBE 职业技术教育模式的应用

（一）美国圣路易斯社区学院

圣路易斯社区学院具有特别丰富的课程资源和职业岗位鲜明的课程。在人文社科学院的艺术设计类课程有建筑艺术设计、景观艺术设计、数字艺术设计，其中数字艺术设计包括舞台设计、电影电视设计、动漫设计、广告设计、卡通设计、厨房及卫生间设计、各种图片和证书设计等，有 130 多门可供选择的课程。美国亚利桑那州玛利科巴社区学院开设了 8000 多门学分课程和 738 个职业培训项目，学院的技术中心开设的培训项目几乎覆盖本社区所需的汽车维修、金融（商业）服务、计算机应用、办公自动化、设备维修、烹饪、护理、服装、印刷等多个职业技术领域。学校还为社区大众，特别是老人和妇女开设音乐、美术、营养、保健、心理调适、早期儿童教育、家政等课程。据统计，全州 59% 的人在玛利科巴社区学院有过学习或进修的经历，另外，学习者可以根据自己的需求和爱好选择课程。

（二）加拿大社区学院

加拿大的职业技术教育主要由社区学院完成，源自 20 世纪 60 年代。当时为了适应经济发展对人才的需求，建立起学院制度，议会通过了一系列的教育立法，于 1967 年建立了第一所社区学院，现在全国有 120 多所社区学院，形成了较为系统的职业技术教育网络。每个社区学院划分特定的招生区域，学生自主申请、就近入学，每年 3 个学期、3 次招生，学院提供开设课程清单，颁发多种毕业资格证书，包括全日

制、半日制、夜校、远程教育等办学形式。社区学院属于全民教育终身教育范畴，有"继续教育终身教育"或"第二岗位教育"之称。社区学院实行董事会下的校长负责制，校董会由政府官员、企业代表、校长、学校职员、学生等人员组成，主要职责是财务预算、校长聘任、合同签订、协调关系、机构设置等，校长负责学校日常管理事务。学院行政职能包括教务、财务和人事，由3位副院长分管，教学分系管理，下设教研室、专业组等。教师年薪4.2万—6.6万加元，院长12万加元。

## 第二节 德国双元制职业技术教育模式

德国推行的双元制职业技术教育模式职业技术教育是德国在人力资源开发利用中一项十分成功的制度。德国利用职业技术教育培养了大量技术型、应用型人才，对战后德国的经济腾飞做出了巨大贡献，并被世界所公认。德国法律规定"凡初中毕业不再升学的学生，就业前必须接受两年半至三年的'双元制'职业培训。"企业不得接收未经培训的员工，未经培训的员工不能上岗，并已成为雇主、雇员的共识和行为规范。

德国"双元制"职业技术教育是伴随着德国的历史形成的，是和德国学徒制的历史及手工业和经济贸易的发展密切相关的。它可以追溯到中古时代（约476—1453年），城市手工业和贸易部门组成"行会"，由"行会"规定学徒必须接受严格培训，未经培训，任何人不允许从事手工业或贸易。自19世纪以来，由于技术和经济的发展，对学徒在传授技能（专业实践）的同时，传授知识（专业理论和常识）就变得愈来愈重要了。到 1900 年时，学徒时期的职业技术教育定为义务教育，在国家法律制度的保障下让企业参与职业培训，承担主要培训责任。与此同时，用职业学校教育补充企业实训，两者相互合作、相互补充，形成了学生（学徒）通常每周 3—4 天在企业培训技能，1—2 天在职业学校学习文化和专业基础理论的德国"双元制"的职业技术教育。

1968 年 10 月通过了《联邦共和国各州统一专科学校协定》，决定在已有的中等技术教育的基础上成立高等专科学校，以提升技术教育培养人才的规格。1969 年 8 月通过并颁布了《职业技术教育法》，首次为学校以外的职业技术教育做出了全面的法律规定。1981 年 12 月颁布了《职业培训促进法》，对职业技术教育规划的目标、年度职业技术教育报告、职业技术教育统计的目的及实施，以及建立联邦职业技术教育研究所的任务、机构和经费的筹措等做出具体的规定。1976 年和 1985 年由联邦会议通过的《德国高等教育法》进一步确认了高职高专教育在德国高等教育中的正统地位，从而推动德国高职教育逐步走向健康发展的轨道。德国还颁布了《青年劳动保护法》，对年轻的受培训者的特殊保护做出了明确规定。

## 一、德国职业技术教育模式的发展（以"双元制"职业技术教育模式为核心）

德国教育体系完备，分为基础教育、职业技术教育、高等教育和继续教育四大类。其中，职业技术教育尤为发达，75% 的 16—19 岁青少年完成 9 年义务教育后选择了接受职业技术教育。截至 2009 年年底，职业学校共有 8981 所，在校生 280 万，教师 12 万。

德国在中世纪（又称中古时代，约 476—1453 年）就有了学徒制度，1889年颁布的《工业法典》规定企业学徒培训必须与职业技术教育相结合。1969年颁布《职业技术教育法》，将其作为整个联邦范围内"双元制"职业技术教育特别是企业内职业技术教育的统一法律基础。"双元制"模式即学生的学习是在两个课堂，有两个施教主体，也就是在企业和职业学校中交叉进行教学。企业与学校合作办学，学生部分时间在企业接受技能培训，部分时间在学校接受理论知识学习。

课程设置上，约60%是专业课，40%是普通教育课。在课程内容的安排方面，第一学年为职业基础教育年，集中学习文化课和3门职业基础课；第二学年转入某一职业领域进行专业训练；第三学年则向特定职业或专业深造。专业设置上，遵循三个原则：一是市场需要。德国将职业岗位设置为380多个，将各类岗位划分为18个领域。设置专业时，各专业再从各领域中划分出来，在社会有关方面和行业的参与下设置专业，主要为地方区域经济发展服务。二是校企合作。学校的专业建设由企业参与、校企合作共同完成。每个专业都成立专业委员会，成员主要由企业和学校的代表构成，负责本专业教学计划的制定、实施、检查和调整。三是结合新技术的发展与应用，在传统工艺基础上发展新技术，体现技术的先进性，重视在新技术领域发展和建立新的专业。

之后相继出台了与《职业技术教育法》相配套的相关教育法律和法规，如《企业基本法》《职业技术教育促进法》《青年劳动保护法》《培训员资格条例》等，建立起了较为完整的职业技术教育法律体系。其中，1976年出台的《德国高等教育总法》，确认专科大学具有与传统大学相同的法律地位。2005年颁布了修订后的《职业技术教育法》，更加明确了企业在职业技术教育发展中的地位和作用。德国是联邦制国家，根据其《基本法》（宪法）规定，各州享有文化教育自主权。联邦政府在教育领域的权力有限，但联邦政府对"双元制"模式下的企业职业技术教育拥有管辖权，企业只能根据联邦教育与研究部的职业目录，即国家承认的职业开展培训。联邦政府、各州政府和经济界之间建立了密切协调与合作的职业技术教育管理体制，在运行机制上保证了国家从法律和政策层面对职业技术教育进行宏观调控。其中，联邦层面管理职业技术教育的部门有三个且分工明确：联邦政府教育与研究部负责职业技术教育的教学工作，德国经济管理部门负责职业技术教育的教学监督，德国政府劳动管理部门负责职业技术教育的咨询工作。

办学模式上，以企业引领的"双元制"为主，全日制学校为辅。师资队伍建设上，以质量为根本，实施"叠加式"培养。德国职业技术教育的教学人员分为学校教师和实训老师两大类。学校教师培养需经历大学学习、职前预备期、终生学习（职后进修和继续学习）。学校教师经考试合格后，政府终身录用，享受公务员待遇，工资由政府支付。

经费投入上，企业为主，渠道多元。按照法律规定，职业技术教育经费分别由企业、联邦政府、州政府承担。企业承担学生在企业培训期间的全部经费支出，还要负责设施费用、支付学生的生活津贴。职业学校的教学经费，由州政府和地方政府共同承担，州政府负责教学监督、教师培养、教师工资和养老金等学校支出，这也是支出的主要部分；地方政府负责校舍建筑与维修、学校的行政管理和学习设施的购置等费用。政府对学校的拨款标准是：职业学校每年每人3400欧元，普通高中每年每人5000—6000欧元。德国的法律对企业办职业技术教育在财政和税收方面并没有特殊优惠政策，校企合作主要是在法律框架下依靠市场行为来实现的。

## 二、"双元制"职业技术教育

"双元制"职业技术教育是德国职业技术教育的核心。所谓"双元制"职业技术教育，是指学生在企业接受实践技能培训和在学校接受理论培养相结合的职业技术教育形式。它不同于学校制形式，可以称为部分学校制职业技术教育形式。接受"双元制"培训的学生，自己或通过劳动局的职业介绍中心先选择一家企业，按照有关法律的规定同企业签订培训合同，得到一个培训位置，再到相关的职业学校登记取得理论学习资格。这样他就成为一个"双元制"职业技术教育模式下的学生了。他具备双重身份：在学校是学生，在企业是学徒工。他有两个学习受训地点：培训企业和职业学校。

教学内容和考核办法："双元制"职业技术教育的教学内容按照企业和学校的不同特点既有分工又有合作。企业的培训按照联邦教科部和有关专业部共同颁布的培训条例进行。职业学校的教学内容由各州文教部制定，它的任务是在服从企业培训要求的前提下实施普通和专业教育，深化企业培训中的专业理论。"双元制"职业技术教育的考核、成绩认定及证书发放由各行业学会负责。

## 三、德国职业技术教育考试模式的发展

第一阶段：自1969年《职业技术教育培训章程》颁布实施之后，德国职业技术教育考试采取的是与"双元制"职业技术教育模式相适应的考试模式。这种考试模式既有注重学生掌握知识规范性的理论考试，又有对学生实践操作技能的考查，对实现国家规定的职业技术教育培训目标具有积极的贡献。按照《职业技术教育培训章程》规定，职

业技术教育培训单位或机构要以国家制定的职业技术教育培训考试要求及设定的考试问题为标准，意向性地制定教育培训计划。同时，引进中间考试机制，旨在以特定的培训公司或企业为实践考核基地，对学生的功能操作能力进行考核。这种以"操作功能"为导向，注重提高学生实践操作技能的考核，在很大程度上保证了德国职业技术教育的质量，促进了德国职业技术教育培训的发展。"

根据德国《职业技术教育培训章程》，德国的职业技术教育考试分为国家统一组织的统考和非统考两种模式。这种考试模式有两个显著的特征：一是根据法定形式规定的职业技术教育培训目标及考试大纲，对学生的职业技能、知识及能力进行考查与评定；二是按照联邦政府规定的关于职业技术教育培训标准，对学生的职业资格进行认定。具体来说，考试分为中间考试和结业考试。考试内容由两部分组成，分别是理论知识的考核，采取笔试的形式；实践操作技能的考核，属于中间考核的内容。这一部分的考核主要是由企业或相关培训机构来组织，其目的是对掌握产业部门、技术领域需要的操作技能及商业行业的实践经验进行考查。其中，对商业行业的实践经验考查，通常采取口试的形式。至于结业考试，则完全是根据《职业技术教育培训章程》中所制定的职业技术教育培训目标与要求，并通过国家统一组织来实施的。采取笔试形式的理论知识考试分两种题型：程序化的一问一答和常规化的主观问题解答。在对实践操作技能进行考核时，由于它不像理论知识的考试有固定的标准和一定的可控制性，因此除了要答疑外，还需要操作示范，以免答疑成为考试的最终评判。同样，如果只有操作示范而无答疑的程序，最终的评判也是不全面的。这种与"双元制"职业技术教育培训相适应的考试模式，对促进德国职业技术教育与培训的发展及质量的提高有着积极的作用。直至20世纪90年代初,这种传统的考试模式及考试体系几乎没有多大的改变。

第二阶段:20世纪80年代,以"活动过程为导向"的职业技术教育培训模式逐渐替代20世纪70年代建立起来的以"功能为导向"的传统职业技术教育培训模式。在以"活动过程为导向"的新型的职业技术教育培训发展模式中,对活动过程中的能力资格认定以及职业培训中可塑性与个性的培养愈来愈显得重要。然而,其考试形式仍局限于传统的考试模式,即注重的是理论知识与操作技能的固定模式。在实践活动的过程考核以及职业技术教育要求与职业实践培训相结合的考核方面,并没有引起职业技术教育培训决策者的足够重视。

第三阶段:1994年以后,德国工程技术领域的职业技术教育培训机构率先对以"活动过程为导向"的考试模式进行了尝试。它以实际的职业活动为导向,以理论与实践相互对应统一的考试大纲为指导,根据实际职业活动的环境设计问题。这种考试突破了理论知识考试与实践技能考核之间的界线,在考试模式上实现了理论知识与实践操作的相融合。

纵观德国现在的职业技术教育培训考试状况,我们认为它比以往更具有开放性、创新性和选择性。包括对结业考核的延伸与扩展的考核,选择以"活动过程为导向"的考核,统考与单独的资格认定的考核相结合。

**四、德国"双元制"职业技术教育的应用**

"双元制"职业技术教育是德国职业技术教育的典范,由政府牵头,依据《职业技术教育法》和有效的教育管理及特色考核模式,由学校和企业共同培养学生的专业技能。"双元制"职业技术教育培训过程是在企业和职业学校进行的，这种教育模式以企业培训为主，企业中的实践和在职业学校中的理论教学密切结合，两个学习地点相互协调（形成"双元"），共同完成每一项职业技术教育计划。学制为2—3.5年（大部分需要3年学制，少部分专业为2年或3.5年学制），一般主体为中学毕业生，培养目标为技术管理人员。教学分别在企业和职业学校里交替进行，约70%时间在企业，30%时间在职业学校。在培训的组织方式上，学生首先与企业签订实习合同，由企业送至职业学校进行培训，培训学校完成相应的理论知识的培训，企业进行实际操作方面的培训，企业与职业学校两方面共同完成对职业学校学生的培训工作。

以德国"莱茵科斯特"为例。德国莱茵科斯特创立于1986年，总部位于德国的慕尼黑，在全球范围内提供智能制造领域职业技术教育产品和服务。自2012年起，莱茵科斯特开始在中国运营，主要从事基于德国标准的工业自动化、柔性加工等智能制造技术的研发设计，以及基于德国"双元制"的智能制造技术人才培养体系推广和实施。莱茵科斯特是AHK协会（德国工商会）在中国唯一授权的合作成员企业，不仅直接对接AHK的评估认证环节，更提供整套AHK教学的解决方案。目前莱茵科斯特致力于向达成合作的中国高职院校，输出其AHK中德班的全套服务体系，包括师资培训、课程设计、教材选择、设备要求、人才培养方案、学生管理等；班级规模方面，一个班20~36人。AHK中德班的学生出口情况充分体现了"双元制"教育模式的优势，无论是在薪资水平还是在就业保障上，都与一般的技校毕业生拉开了差距。

## 第三节 MES 职业技术教育模式

MES 模式是英文 Modules of Employable Skills 的缩写，直译为"就业技能模块组合"，意译为"模块式技能培训"。MES 是国际劳工组织研究开发出来的一种新的技能教育模式。MES 是建立在系统论、信息论和控制论的理论基础上开发出来的。

MES 模式培训大纲以社会需求为导向，与企业生产紧密联系。每一个技能模式（岗位技能体系）由若干个模块组成，而每一个模块又由若干个学习单元组成，每一个学习单元仅包含一项特定的技能或知识，操作技能型单元有详细的工作步骤，内容描述言简意赅，组成形式图文并茂。教学目的明确，教学方法灵活。除了总体目标之外，每个模块、每个单元都有一个可测量的学习目标。学员可以清楚地了解每一个学习环节将要达到的目的，这样就可以引起学员的学习兴趣，激发学员学习的积极性。以学员为中心，以技能训练为核心，以学员自学为主，以现场教学为主，按需施教，学用一致，具有较强的针对性、实用性和灵活性。

MES 以为每一个具体职业或岗位建立岗位工作描述表的方式，确定出该职业或岗位应该具备的全部职能（function），再把这个职能划分成不同的工作任务（tasks），将每项工作任务作为一个模块（modular unit，简称 MU）。该职业或岗位应完成的全部工作就由若干个模块组合而成，根据每个模块实际需要，确定出完成该模块工作所需要的全部知识和技能，每个单项的知识和技能成为一个学元（learning element，简称 LE）。由此得出该职业或岗位 MES 培训的模块和学习单元表示的培训大纲和培训内容。

MES（Modules of Employable Skills）职业技术教育模式产生于 20 世纪 70 年代末，是由国际劳工组织提出的。该教学模式融合了多个先进国家的课程教学的优势，是以现场教学为主要教学形式，以技能培训为核心，运用系统论、信息论和控制论开发出来的。MES 职业技术教育模式借鉴了德国、瑞典等国的"阶段式培训课程模式"以及英、美、加等国的"模块培训"等经验，借助发达国家成熟的课程体系，形成比较系统的培训体系，帮助发展中国家改变职业技术教育的现状，旨在改变在技工培训上效率低下的状况。

## 第四节 教学工厂职业技术教育模式

教学工厂职业技术教育模式产生于新加坡，是把学校营造成一个工厂的生产环境，学校和企业紧密结合，让学生通过生产学到实际知识和技能，形成学校、实训中心、企业"三元合一"的综合性教学模式。"教学工厂"最初产生于新加坡南洋理工学院，是新加坡广泛学习和借鉴发达国家职业技术教育的经验，尤其是在德国"双元制"职业技术教育模式后，根据本国实际国情和发展需要，进行了改革的结果。

### 一、新加坡职业技术教育模式的发展（教学工厂模式）

新加坡的教学工厂是在当今世界被普遍推崇的职业技术教育模式。"教学工厂"的含义是指在学校中创设工厂环境，建起具有先进的技术、完善的设备、逼真的环境的教学工厂。这样在校内就可实现理论教学与实践教学的相互结合，达到培养学生的实践能力、提高学生的综合素质、使学生的技能更具有实践性的目的。具体做法：理工学院一、二年级学生先对基本专业课程进行学习，然后进入基础技能训练；三年级学生根据自选专业进入有关"工业项目组"实际生产操作。学校从生产厂家承揽工业项目，生产厂家以提供或借用的方式在学校装备一个和实际工厂完全一样的生产车间，学生在教师和师傅的指导下进行训练，进入实际生产操作。工业项目的取得无论是由学校统一承揽还是由学生自选课题，必须是能够充分运用所学的理论知识，通过实际生产能够掌握未来上岗必须运用的基本技能；项目的科技含量若达到一定的水平就具有一定难度，但可在训练期间完成。这种模式实际上就是在实现理论与实际结合，学校与企业零距离，实施"做中学"。

**二、教学工厂职业技术教育模式的应用**

理论学习是基础，对于技能的掌握有一定的指导作用，但只有亲自动手做才能让学生更好地掌握技能。曾有专家研究，单纯听的记忆效果是20%，单纯看的记忆效果是30%，既听又看的记忆效果是50%，听、看、做三者结合是90%。由此可见，学生掌握一种或多种技能，"动手做"是最关键的。职业技术教育要实现"以服务为宗旨，以就业为导向，以能力为本位"，实现学校与企业的无缝对接，就要摆脱黑板上开机器、修汽车、纸上谈兵、理论与实践脱节的现象，把单纯地从"听中学"改到从"做中学"。

南洋理工学院实施"2+1"课程模式：学习两年基础和专业知识，进行一年企业项目实习和研究。第一、二学年学习基础课程、专业课程、选修课程，即宽基础培训，在课室、大讲堂上课，到实验室做实验，也从事小型项目研究。企业项目实验、企业实习、校内项目设计研究等到第三学年会专门开展，有6个月时间不再到课室与大讲堂上课。这种课程模式使职业学院的学生不是脱离实际，不是关在学校里"死读书"，而是亲身实践。南洋理工学院新专业与新课程的开发，一方面是根据企业需要，通过企业调研，满足企业用人的需求，另一方面是依据新加坡经济发展的需要和对未来经济发展的规划。新专业、新课程开发工作完成后，教学指导委员会和校董事会提请企业资深人士参与论证、批准，以确保新课程内容、课程标准能满足企业岗位需求，保证课程内容的前瞻性和先进性。新课程实施后还定期进行调研分析，进行效果跟踪，及时对课程标准与课程内容做出滚动修改。

## 第五节 TAFE职业技术教育模式

TAFE是Technical and Further Education的简称，中文意思是职业技术教育学院，是大洋洲、欧洲和东南亚全国通用的职业技术教育形式，由澳大利亚政府开设的TAFE学院负责实施教育与培训。TAFE高等文凭由澳大利亚政府颁发，相当于中国的高等职业技术教育层次。TAFE是澳大利亚高等教育的重要组成部分，是联邦政府和各个州政府共同投资兴建并进行管理的庞大教育系统。澳大利亚的TAFE（Technical and Further Education，澳大利亚职业技术教育培训）模式为新型的现代学徒制度。其核心是"以职业能力为本位"，TAFE是学院，但其学员80%的时间是在工作场所进行工作本位的学习，只有20%的时间在

TAFE 学院进行学校本位的学习。

## 一、澳大利亚职业技术教育模式的发展

澳大利亚学历资格框架：1995 年澳大利亚政府公布了澳大利亚学历资格框架（AQF），明确澳大利亚学历资格证书共分 10 级。高中学生修完相应的职业技术教育课程后，可以获得 1—3 级资格证书，进入 TAFE 学院学习后，高中阶段所修的职业课程可以抵扣相应的学分。TAFE 学院既可授予 1—6 级证书，又可授予职业技术教育研究生证书、研究生文凭、大专文凭所对应的 5 级证书，高级大专文凭所对应的 6 级证书。学院与大学合作，通过专升本直通车，学生可以到合作院校攻读本科直至研究生。澳大利亚大学及其他高等教育机构可授予学士学位、研究生证书、研究生文凭、硕士学位、博士学位学历资格，其中学士学位对应 7 级证书，研究生证书、研究生文凭对应 8 级证书，硕士学位对应 9 级证书，博士学位对应 10 级证书。澳大利亚教育由各州政府负责实施，主要包括学龄前非义务教育（1 年）、小学教育（1—6 年级或 1—7 年级）、中等教育（8—12 年级）以及高等教育，高等教育包括高等职业技术教育、大学及其他教育培训机构提供的教育培训。澳大利亚职业技术教育与大学之间的课程认证是相互融通的，学历框架是相互衔接的，高中毕业后在 TAFE 学院修完某些课程的学生也可以获得大学的加分。澳大利亚的职业技术教育从中学阶段开始渗透，通过职业课程选修，向学生进行职业技术教育和专业教育启蒙，为学生中学后阶段的职业技术教育或大学专业学习做准备。

## 二、澳大利亚职业技术教育课程包的设计与开发

澳大利亚政府根据经济社会发展趋势，提出培训包的设计与开发任

务并提供专项经费。首先是行业参考委员会（IRC）代表行业参与，同技能与服务署（SSO）一起向澳大利亚行业与技能委员会（AISO）表明行业需求，经 AISO 批准进行编纂工作，接着 IRC 与 SSO 开始编写培训包或更新培训包，最后 IRC 与 SSO 将编成的培训包提交 AISO 进行审核之后发布。

1996 年澳大利亚公布国家培训框架（NTF），其中培训包详细说明了资格证书、大专文凭的资格说明、入门要求和课程包等事项，而课程包分为核心课程和选修课程，每门课程由课程描述、课程应用、前置内容要素和执行标准、技能和知识要求、证据指南（含课程评估关键要素、评估内容、评估方法、应用范围）等内容组成。注册培训机构根据培训包所列的能力领域结合自身条件出资购买资质课程，购买成功后进行招生和教学，通过评估的学生可颁发相应证书或文凭。

澳大利亚职业技术教育培训包分为国家认证和非国家认证两部分。国家认证包括资格证书、能力单元和评估指南三个部分，非国家认证包括学习策略、评估材料和专业发展材料三个部分。课程设计与开发的基本要素：满足企业需求，达到预期结果，了解学生群体，达到培训包规定的能力单元目标。

### 三、澳大利亚 TAFE 学院运营管理与师资

TAFE 学院承担着澳大利亚职业技术教育、社会培训、远程教育、继续教育、移民教育等多种任务，是公立的技术和继续教育学院，通常以州政府管理为主。学院经费主要来自政府资金，但随着教育市场化和私立学校、培训机构的竞争加剧，目前政府拨款占到学院经费三分之二左右，为了核算办学成本、提高经济效益，TAFE 学院采取二级院系自

主管理为主，设立运营经理和团队经理，一个专业就是一个团队，团队经理负责管理本专业教师而不是二级学院院长，并且团队经理和运营经理共同核算各专业每年的收入、支出，每个团队要负责本专业财务的核算与管理，如果出现成本过高、效益较低的专业，会面临淘汰。

TAFE学院行政人员很少进入课堂听课，也没有专门的教学检查工作，但是管理人员会到课堂找学生交流或发放问卷调查教师的教学情况和学生的学习情况，并将调查结果积极反馈给教师或学生，帮助教师改进教学工作，并疏导学生意见或投诉。TAFE学院授课方式比较灵活，学院不安排学生住宿，学生可以在学生公寓或附近的居民住宅住宿，学院没有后勤管理负担，也不设立辅导员管理岗位，学校教师、行政管理人员、经费以及教学设施都是为教学服务的。

TAFE学院教师主要来自各行各业有工作经验的社会人员，虽然学院主要培养蓝领工人，但在澳大利亚，这些技术工人待遇很高，所以学院引进教师的首要条件是必须具有5年以上行业企业工作经验，学历要求是第二位的，即使引进的教师没有学士学位，TAFE学院也会支持他们在两年内到指定的大学进修学位。学院还给予教师一定的公假时间用于进修提升或去企业、社会机构等兼职锻炼。TAFE学院很多教师既有学校教学岗位，又有社会兼职岗位，从而丰富了教师的实践经验。TAFE学院专职教师约占三分之一，企业行业兼职教师约占三分之二，很多企业的能工巧匠以到TAFE学院兼课为荣，一些行业经理或专家也愿意到学院开展讲座和技术培训，目的在于回报社会。

**四、澳大利亚职业技术教育模式——校企合作模式**

澳大利亚校企合作模式——行业主导型。"行业主导型"是澳大利亚职业技术教育发展的指导方针，也是校企合作开展的基础。在"行业主导"思想的指导下，学校积极主动参与当地经济活动，分析企业的需求，根据需求设置相应课程，寻求企业的支持以强化师资力量，从而实现学校和企业的无缝衔接。澳大利亚校企合作的特征是在职业技术教育校企合作管理委员会中企业代表占大部分，企业在合作中具有权威性、主导性。

澳大利亚高等职业技术教育类型——技术与继续教育学院。技术与继续教育（Technical and Further Education，TAFE）学院是澳大利亚在国家培训框架下，以行业需求和就业为导向，逐步发展起来的一种与中等、高等教育相衔接的办学模式。其办学模式是根据行业的需要，按照培训包开发课程，对开发的课程进行认证和注册，由学校对学生进行培训和教育，按照培训包所规定的标准进行考核，对考核合格的学生颁发国家资格证书。

TAFE学院办学模式的自由性主要体现在生源、专业证书设置及教学方式这三方面。澳大利亚政府规定：只有取得TAFE学院的资格证书才能在相关领域从事技术性工作，TAFE的文凭证书成为就业的必备条件，因此TAFE学院的生源具有多样性。除了高中毕业生外，许多本科生、硕士生、博士生为了找到更合适的工作，也进入TAFE学院攻读资格证书；此外许多在职职工为不断获取新知识、新技能，纷纷进入TAFE学院接受在职继续教育。

TAFE学院办学模式的实践性主要体现在两方面：一方面是实训基地的建立，为加强实践教学，TAFE学院建立了实力雄厚的实训基地；另一方面TAFE学院强调理论教学与实践的结合，对实践能力的考查是学生质量考核的重要内容。例如，霍姆斯格林TAFE学院最大限度地模拟项目开发与团队合作的真实环境，提高与客户交流的实际技能。

## 第六节　英国职业技术教育模式

19世纪90年代后期，英国政府开始对高等职业技术教育进行改革，内容如下：优化高等职业技术教育的结构，建立一个大型基础学位（预科学位）和新学徒系统，目的是提供高品质的职业技术教育，使得职业院校学生具有较高的专业素质，强化专业技能，为进一步发展基础理论奠定基础，并且尤其重视创新能力的培养。这一举措表明，英国高等职业技术教育正面向具有竞争力和高质量培训的阶段。

**一、英国高等职业技术教育国际金融专业教学模式**

英国高等职业技术教育国际金融学士培养的目的是实现最高级会计和财务管理，课程完成之后可以提供 ACCA（国际注册会计师）和 CIMA（英国特许管理会计师公会）考试豁免权利，提供结构化的职业发展需求以及工作安置，并为学生准备了现代金融专家对学生职业生涯进行规划。课程内容包括全球金融等行业的投资，熟练掌握银行、保险和养老金的财务管理等技能。专注于现代全球金融技术，掌握一些常规性的做法和出现的问题，以及发展的理论和技术基础。邀请国内经验丰富且具有国际领先水平的组织对授课内容进行监督，与其合作的国际学院学生们进行定期交流，邀请业界领军人物进行个人领导力的辅导，邀请世界知名学者举办讲座，与投资伙伴和企业合作开发办学，定期邀请各自领域的最前沿的优秀学者进行1对1的辅导和学术支持。

英国的高职教育产学合作主要是采用工读交替的"三明治"模式，亦称"夹心饼干"模式，学生在企业和学校交替接受教育和培训，即第一、第二年在学院学习，第三年到企业接受实际技术培训，第四年又回到学院继续接受学习直至毕业。这种合作模式，不仅能给学生提供书本理论知识和实践知识，而且使学生在做好就业准备的同时，具有较高的技能和创造力，毕业之后能够立即投入工作，因此受到了企业界的广泛欢迎。

英国高职院校专业和课程设置完全面向当地市场，积极吸纳工商界和行会的广泛参与和积极合作。在英国，工商界参与产学合作通常是通过行业组织、企业行会和团体介入的方式得以实现的，这些行业组织和专业机构制定主要经济部门的职业标准，学校在规划设计培养方案时就要考虑这些技能领域，将它们落实到培养方案中去，并得到相关机构的认可。企业参与高职教育还有其他形式，如参与制定国家职业资格证书能力标准，参与教学过程的实施、优化高职教育师资队伍等。

英国政府的参与也是必不可少的。由于英国有着悠久的历史传统，绅士文化的影响使人们重学术、轻技术，重普通、轻职业，这就造成英国的高职教育较之其他欧洲国家发展缓慢。为此，英国政府一方面实施了一系列措施来提高高职院校的地位，以改变人们心中固有的观念，如1963年公布了《罗宾斯报告》，来确立高等技术教育在高等教育中的地位，使英国的高职成为与传统高等教育相当的一种学位教育。1992年英国国会审议通过了《继续和高等教育法案》，又赋予了高职院校享有与普通大学同等地位和完整权利的法定基础。同时，为了使学习者所获得的技能很好的迁移且能与高等教育挂钩，1992年又推出了普通国家职业资格（GNVO 体系）。另一方面考虑到英国企业与大学的合作比较少，专门制定了相应的政策和措施促进本国的产学合作，如制定专门的产学研合作计划、构筑区域技术交流网络、促进高职院校向企业进行知识转移等。

**二、英国职业技术教育师资培养模式**

20世纪80年代中后期，为了提高教师队伍的整体素质，英国政府提出了职前教师教育改革和促进教师持续性发展的设想，将与教师教育、教师培训的相关内容及其结构作为政府教育政策的重要内容。英国教育主管部门在1998年5月颁布了《职业技术教育课程要求》，这是在1992年到1998年间公布的师资培训相关文件的基础上，经过不断地改进、完善、提高而完成的；在2002年再次颁布了《英国合格教师资格标准与教师之前培训要求》；而后，英国又进一步研究出教师在不同发展阶段应达到的标准要求，将关注点放在职教师资的专业发展上，不断完善教师的考核标准，以督促教师自觉履职。经过反复地推敲最终在2005年到2007年中形成完整的教师专业标准，并于2007年由英国师资培训署颁布了现行的《英国教师专业标准框架》，明确了教师发展和培训的具体内容。该标准包含五个层次，分别是 qualified teacher、core teacher、post-threshold teacher、excellent teacher、advanced skills teacher（合格教师、核心教师、绩优教师、熟练教师、优秀教师），该标准以核心标准作为合格标准的目标，同时作为其余标准的长期要求，是整个标准的核心。在英国，负责管理教师培训工作的部门是教师培训管理署以及教育标准办公室，前者完成对培训机构的认定以及政府资助资金的分配工作，后者完成机构培训质量的监察及评级工作，对优质培训机构予以评定，对劣质机构予以处罚，两个部门紧密配合，协同管理，以提高培训质量，增加优质受训者比例。英国对教师的培养和培训以促进教师职业的专业化为核心内容，教师标准的不断研究和革新促成了目前较为完善的师资职前培养、入职辅导和职后培训体系，并将大学、职业学校、企业三方的参与积极性充分调动起来，形成了极富特色、极具高效的"三段融合""三方参与"的师资培养模式。

（一）职教师资的职前教育

英国学校本位的技术和职业技术教育主要分为中等教育阶段和继续教育阶段。中等职业学校教师将取得"合格教师资格"作为入职要求，该点与普通中学师资的要求是相同的，其培训模式为：完成大学阶段教学内容，取得本科或者研究生证书且获得教师资格证；在职业学校参与教学实习，获得相关实践技能及实践经验；走进一线基层岗位，实际参与，不断更新岗位经验和技能，汲取最新管理技能。

（二）职教师资的入职培训

1999年对入职前、后隔离的分段式培养模式进行改革，正式提出在英格兰和威尔士地区建立新教师入职辅导制度，将师资的培养与提高真正融合，形成连续性培养模式。入职辅导的对象是已获取教师资格证、刚刚参加工作的新教师。新教师入职后，需接受统一的入职辅导，时长三个学期。对新教师进行入职辅导的教师均是经过严格挑选的具有丰富经验的教师，辅导教师要了解受训新教师的实际情况，根据新教师的专业、教学等方面的特点等制定适宜的培训目的、培训计划、辅导标准以及考核标准等；在整个辅导过程中，辅导老师要注意关注新教师对培训内容的掌握和使用情况，并给予点评反馈，多给大家提供交流机会，了解大家的疑惑，将入职辅导的过程贯穿到日常教学工作的各个细节。入职辅导要求在辅导开始的五年内完成，允许间断。在整个辅导过程中，新教师在每学期期末都要接受针对性的正式考核，每学期的考核内容均有不同侧重，循序渐进，步步深入。每次的考核结果和情况均会形成书面形式的记载，在当地教育局进行备案。三个学期考核的内容分别为：新教师达到入职辅导培训目的和培训计划的基本标准、培训过程中的执行情况和发展情况、新教师对入职辅导的完成程度，是否能够全部达标。学校将根据当地教育局的备案最终决定是否对新教师进行聘用。

（三）教师的在职进修

到 20 世纪末，英国教师的在职进修已逐步成熟、逐步规范，也成为教师专业成长的重要方式。其培训方式主要有两类：以提高专业教学能力为目标和以提高专业实践能力为目标。前者与入职辅导近似，根据在职教师自身情况制定适宜的培训目的、培训计划等，经过教师申请、学校推荐即可到指定学校任教，在任教过程中不断提升业务水平，更新知识储备，提高教学质量；后者由企业或企业指定的经验丰富的指导员为在职教师制定培训目的、培训计划等，并对其进行评价与考核，并且考核结果会成为学校对在职教师是否继续聘用、是否加薪、是否晋升等的决定依据。目前，英国政府对在职教师专业实践能力提升的培训予以大力扶持，各个用人单位都提供了大量的工作岗位供在职教师进行实践。教师通过在职进修，能够不断更新知识储备和专业技术，不断提高业务水平和自身素养，不断丰富教学方式和激发教学活力，从而不断提高学生的综合素质，提高职业技术教育的水平和质量。

# 第二章 我国现行的基础技术人才教育模式

从现有技术人员教育模式来看可划分为：一是"订单式"技术人员教育模式。"订单式"技术人员教育模式，是指职业院校与企业签订用人订单和人才培养协议，共同制定人才培养计划，共同组织教学，学生毕业后直接到企业就业的一种人才培养模式。二是"工学交替"技术人员教育模式。在"工学交替"人才培养模式中，职业院校的教学延伸到企业，企业不仅仅是学生工作的场所，还是学习的场所。学生在企业边学习边顶岗工作，用理论指导实践，用实践检验理论，理论知识的学习与参加企业实践交替进行。三是"学徒制"技术人员教育模式，它是以学校与企业的深度合作为基础，以学生培养为核心，以校企共同制定的教学内容为纽带，以教师与师傅共同组成的教学团队深入指导为支撑的人才培养模式。

## 第一节 订单式技术人员教育模式

"订单式"技术人员教育模式是市场经济条件下企业人力资源开发

的必然选择。现代企业的竞争在很大程度上是智力资本的竞争，企业对人力资源的开发越来越具有战略眼光，特别是对于新增劳动力，很多企业由被动选择转向了主动开发。企业与职业院校结合，按照企业的意图共同培养符合企业需要和忠诚于企业的高技能人才。这时，一种有别于传统职业技术教育的技术人员教育模式——"订单式"技术人员教育模式便应运而生。

## 一、"订单式"技术人员教育模式的步骤

"订单式"技术人员教育模式就是高校与企业针对市场和社会的需求共同制定相应的人才培养方案，毕业生可以直接到用人单位就业的一种产、学、研相结合的技术人员教育模式。"订单式"技术人员教育模式的核心就是校企联合办学，以"工学交替"的方式在学校和用人单位分别进行教学，以达到毕业生就业的目的。

"订单式"技术人员教育模式的具体操作步骤为：一是由企业向学校提交需求计划、招生标准及培养目标（用人"订单"）；二是学校与企业签订共同办学协议，确定双方的权利与义务关系；三是以企业的名称来冠名校企联合培养班，教学计划、专业结构、课程设置、目标考核等人才培养方案由校企共同制定；四是校企优势互补，共同承担教学任务，满足企业需要，共同实施有针对性的人才培养计划，即在学校进行理论教学，在企业完成实践教学，积极邀请企业的优秀专家参与到教学工作中；五是校企联合建立实验室且对教学质量进行监控，可以实行年度检查或者颁发奖学金；六是学校和企业共同完成校企联合培养班毕业生的人才培养质量评估工作，建立人才质量监控体系，并且由企业按照协议约定落实合格毕业者的就业。可以用五个"共"把校企联合办学

的整个过程进行概括：学校与企业共同挑选"订单"培养人才、学校与企业共同拟定人才培养计划、学校与企业共享资源、学校与企业共同监控教学质量、学校与企业共同为学生就业提供服务。校企联合培养班的招生既可在新生中招收，又可在老生中选拔。一般将培养阶段分为"2+0.5+0.5"（2年理论课在学校、半年专业培养在企业和学校交替进行、半年实践课在企业）或者"工学交替"（根据课程需要轮流在学校和企业交叉进行）。

## 二、"订单式"技术人员教育模式带来的转变

传统职业技术教育的最大弊端就是与经济、社会发展，企业的需求和人民群众的利益联系不够紧密。企业与职业技术教育"两张皮"的弊端，严重制约了相互的发展。由于课程设置与现代企业的实际生产存在着许多不适应性，使得职业院校的学生在知识和技能方面与企业岗位的要求有相当大的差距，从而导致职业院校毕业生进入企业上岗以后仍不能独当一面，还需进行岗位短期培训。在这种情况下，"订单式"培养为中国职业技术教育注入了活力，为校企结合找到了切合职业技术教育健康、顺利发展的有效途径。

首先，带来了观念的转变。无论是职业院校还是企业都会通过"订单式"教育模式在观念上发生一定的转变。"订单式"教育模式强化了职业院校的市场意识和人才培养的质量观，使之必将更加注重岗位职业能力的培养，对校企结合的重要性也有了更深的体会。同时，"订单式"教育模式使企业对职业技术教育有了更深的了解和信任，关注职业技术教育的程度会更高。更重要的是，企业人力资源的开发将更具前瞻性和主动性，带来了人力资源开发理念和方式的转变。

其次，促进了职业技术教育人才培养模式的改革。校企结合是职业技术教育人才培养模式的核心内容，过去的校企结合大多是表面的、松散的，企业的积极性不高，也缺乏约束力，这种结合起不到实际效果。"订单式"培养则是企业提出需求，培养自己未来的员工，所以企业非常关注人才培养的过程和质量，与职业院校结合的主动性、积极性更高。

最后，提高了毕业生就业质量。职业院校毕业生就业率或档次相对较低，除了就业大环境的原因外，职业院校专业设置和人才培养规格与市场是否契合，在很大程度上影响着就业质量的好坏。"订单式"技术人员教育模式是根据企业需求进行的，学生就业有意向协议，就业就比较稳定，就业质量就较高。因此，"订单式"教育模式为提高毕业生就业质量提供了一条有效的途径。

### 三、"订单式"技术人员教育模式案例

浙江金融职业学院是国家首批示范性高职院校，校友遍布省内银行系统，学校与中国工商银行、邮储银行、浙商银行等签订了"订单"培养协议，学生毕业后直接分配到各个银行营业网点工作。

首先，通过建立生源分轨制为订单班提供了强有力的规制性保障。我国实行9年义务教育，初中毕业后学生可以考取高中，也可以选择到中职、中专就读。浙江金融职业学院在新生入学后进行第一次分轨，分轨的依据是专业和生源特征两个维度，根据录取专业将学生划入会计系、金融管理系和投资保险系等二级学院，再根据生源的考取方式进一步细分为"普通高中生""三校生"和"专+本"学生，并单独组班。在新生入学后的第二年进行第二次分轨，根据与各大银行的合作协议，

组织学生参加学校内部的订单班面试，面试通过后进入订单班，学生学籍以及课程安排由原先的二级学院移交给"银领学院"，银领学院是学校为了培养银行订单班学生而单独设立的虚拟化二级学院。往年统计数据表明，大约有43%的学生顺利进入各个银行的订单班。此外，银行的岗位需求也会对学校的第一次分轨和第二次分轨产生影响。

其次，通过学校专业培养与企业师傅技艺传授为订单班提供了最优化的规制性路径。浙江金融职业学院除了开设常规的大学专业课程外，还增设了银行实务技能课程，要求学生学习点钞、传票和五笔打字技能，每个学期组织一次"金融基本职业技能水平鉴定"，技能合格是进入订单班的前置条件。进入订单班后，学生的培养模式正式转入类似于批量化的"现代学徒制"培养模式。在课程设置上，"银领学院"按照银行的具体就业要求重新编排专业课程。在师资配备上，除原有的专业课教师外，还会配备银行工作经验丰富的师傅教学生练习银行工作技能，并且在大三下半年安排学生去签订就业协议的银行营业网点实习，由银行安排的师傅对学生进行技能强化。在工作的实景体验方面，学校与浙商银行合作在"金通教学楼"建立了"客户服务中心"，由浙商银行正式员工在其中正常工作，订单班的学生可以申请参观，身临其境感受银行工作氛围。通过这种培训和考核机制，规范了订单班的校企合作培养模式，也从制度设置层面保证了订单班学生的质量。

最后，浙江金融职业学院学生对于订单班的青睐，得益于银行对订单班学生的雇佣偏好。订单班选拔前学校内部会组织多种形式的技能考试，对学生能力进行评定，进入订单班后学校会组织更有针对性的培训与测试，高质量的人才输送使得银行非常认可订单班这种人才培养模式，因此也会将更多基础性岗位分配给订单班。相比于其他职业学校的学生，订单班分配工作的模式为学生提供了很好的就业预期，使学生对订单班就业情况高度认可。学院建立了完善的职业启蒙，新生入学后便会开展订单班的宣传，定期组织在银行工作的校友返校宣讲，为学生提供相关咨询，并且学校在第一学年就开设了职业生涯规划课，在课程中教师会介绍银行工作的职业晋升通道，增强学生的认可度和目标感。通过跟踪调查2013—2017年间浙江金融职业学院会计学院在校生的职业规划，大约有84.60%的大一新生将银行订单班作为第一就业意向。

## 第二节　工学交替技术人员教育模式

"工学交替"是职业院校通过与企业的结合平台，为实现特定的人才培养目标而选择的最佳教学模式。"工学交替"将企业要素有机纳入职业院校的人才培养活动，使人才培养活动具备真实生产、实践的环境和资源特征的人才培养机制。"工"，即与人才培养目标相联系的生产、实践活动；"学"，则是指教学活动，在"工"的状态下"学"。"工学交替"使学生习得有较强的适用性的技能是最终目的，而具备生产实践特征的教学资源和情境是教学手段。也就是说"学"是目的，"工"是手段。

在实践中，这种教育模式的诸多要素不仅仅表现在人才培养过程中，往往还包括与人才培养过程相联系的前后延伸内容，因而在内涵上表现得更为丰富。

### 一、校企双方共同参与人才培养过程

要使人才培养过程与生产实践紧密联系，使培养的学生能较好地与

生产实践需求相适应，必然要求企业参与人才培养标准的制定过程，只有明确了生产活动需要什么样的人才，职业院校培养的人才才能满足生产需求。同时，为了能使学生有更多的对真实工作的体验，也需要企业提供具备真实生产实践特征的教学资源和情境。在人才培养的过程中，企业在此基础上更加深入地参与教学活动，不仅仅是停留在制定目标和提供教学资源层面，而是要参与教学活动。企业是教学活动的一个实施者，是教学活动的有机组成部分，而不仅仅是一个教学活动的载体。

在目前，虽然说"工学交替"的实质是生产实践与教学相结合的人才教育模式，但在表现上，"工学交替"更多地表现为校企双方资源共享。从职业院校角度讲，要想培养出水平高、技术精的高素养、高技能人才，非"工学交替"人才教育模式莫属。

**二、校企结合确定人才教育目标**

在"工学交替"的技术人员教育模式下，人才标准来自生产实践，具体来讲就是来自企业，企业的人才标准就是职业院校的教育目标，职业院校要依据职业技术教育活动的特点，把企业的人才标准内化到职业院校的人才教育目标当中，这个过程就是校企结合确定人才教育标准的过程。单纯的企业的人才标准或者职业院校单方面确定的人才教育标准都是违背"工学交替"的技术人员教育模式特征的。校企结合制定人才教育标准的过程也不能简单地用人才需求市场调研来代替，市场调研对企业人才需求数量和标准进行分析和汇总，可以作为确定教育目标和制定人才培养方案的依据，但具体确定人才教育目标，制定人才培养方案，尤其是确定所培养人才的技能标准时，要做到职业院校的技能标准和企业需求尽可能一致，企业的参与依然必不可少。

### 三、校企双方共同开发课程

校企结合开发课程是校企结合制定人才培养目标这一工作的深化，是校企结合共同确定教学内容的一项工作，具体的表现形式为校企结合制定课程标准。从严格意义上来讲，具备校企结合特征的人才培养目标和人才培养方案，必然衍生出具备校企结合特征的课程体系和课程标准，课程自然而然就是校企结合开发的。然而在实践中，由于企业有各自的特点，校企结合培养人才并不能保证职业院校的结合对象在人才培养过程中自始至终具有一贯性，也就是结合对象不一定能参与人才培养工作的每一个环节。例如，一个企业参与了人才培养方案的制定，但在具体的教学过程中，可能会有另外一家企业更加具备让学生学习某项技能的实践教学条件，那么教学过程中的结合企业就可以是后面一家，开发课程也必然选择后面一家企业结合。在这种情况下，为了让学生更好地掌握某项技能，使教学活动能充分利用企业的资源，就有必要针对具体的教学活动和企业特点，校企结合共同开发课程。同时由于目前校企结合还不够深入，不能达到所有的课程都是由校企结合共同开发的这一要求，有必要有针对性地通过结合开发课程来加大校企结合的深度。

### 四、校企双方共同组织教学

校企结合培养人才，在教学过程中，企业不仅仅是为教学活动提供资源，做教学活动的载体，而是要作为教学活动的实施者，作为人才培养工作实施主体的一部分参与教学活动的实施过程。企业为教学提供场地和资源可以作为"工学交替"的一种形式，但是真正意义上的校企结合组织教学不应仅仅停留在这个层面，而应把企业作为教学组织者使其进入到教学活动当中,参与教学活动的组织、实施和管理。学生在企业参与生产的过程也是一个学习过程,企业要通过对学生的管理和教育,使教学活动融入生产活动中,作为一个教育实施主体开展教学活动;对学生的学习结果加以考核,使学生具备工人和学生的双重身份。

**五、校企双方共同评价教学效果**

"工学交替"培养人才的过程是一个周期循环的过程,人才培养过程并不以学生毕业为终结,而是要通过校企双方共同评价教学效果反作用于人才培养活动,通过这种循环反复的方式提高人才培养工作水平。职业院校的人才培养工作以企业的需求为依据确定培养目标,培养的人才是否符合企业的需求,自然要由职业院校和企业双方共同评价。当前教育评估都要考核学生的职业资格取证率,这是企业参与教学效果评价的一种宏观体现。在"工学交替"的技术人员教育模式的未来发展过程中,校企结合达到较高的水平以后,企业必定会在更加微观的层面参与教学效果的评价,从而促使职业院校培养的人才更加贴近企业的人才需求。

**六、校企双方共同开展技术革新与研发**

职业院校在技术革新和开发上具有较强的智力优势,而且职业技术教育以技能、技术性知识为主要教育内容的特点,本身要求教师掌握前沿的技术和技能,他们所从事的科研工作与企业的生产实践有着天然的联系,其科研工作自然是针对生产实践所面对的技术革新和开发,与企业具有天然的结合关系。而且职业院校要为地方经济发展服务,为企业进行技术攻关和研发,这也是职业院校的社会责任。

## 第三节 现代学徒制技术人员培养模式

### 一、"现代学徒制"的发展阶段

(一) 萌芽阶段 (2002年之前)

在萌芽阶段,出现了对"现代学徒制"的零星介绍,研究多集中在教师培训、提升学生就业能力、会议纪要等范畴。如樊陈琳[1]的《现代学徒制:我国教师培训的重要途径》介绍了"现代学徒制"在传统学徒制特点的基础之上所具有的提升教师专业能力的价值;朱敏成[2]的《发展现代学徒制 提高学生就业能力》提出发展"现代学徒制",提升学生就业能力,亦是发展中等职业技术教育的有效方法。总体而言,相关研究只是就"现代学徒制"进行了初步探索,研究成果较为浅显和零散,对我国"现代学徒制"实践的影响力也较为孱弱。

(二) 发展阶段 (2003—2009年)

在发展阶段,对我国"现代学徒制"的相关论述和研究数量虽少,却带有显著的"职业结构变化"和"产业结构升级"驱动的"痕迹"。

---

[1] 樊陈琳. 现代学徒制:我国教师培训的重要途径 [J]. 湖南师范大学教育科学学报,2002 (04):59-62.

[2] 朱敏成. 发展现代学徒模式 提高学生就业能力 [J]. 河南职业技术师范学院学报 (职业教育版),2002 (06):67-69.

孙晓燕[①]的《试论现代学徒制对我国职业技术教育的意义》等文章讨论了我国开展"现代学徒制"的基础，分析了"现代学徒制"优化我国产业结构的作用及助力我国社会发展的意义。也有研究者开始以英国的"现代学徒制"和澳大利亚的"新学徒制"作为研究的视窗，如蔡晨辰[②]的《对英国现代学徒制中未完成者的思考》、徐徐[③]的《英国现代学徒制和澳大利亚新学徒制比较》等文章，通过梳理上述两国"现代学徒制"的产生背景、发展现状、存在问题等来把握世界职业技术教育改革的趋势，以及通过总结他们成功的经验与失败的教训，探悉一条适合我国职业技术教育改革的道路。

（三）深化阶段（2010—2013年）

在深化阶段，有关"现代学徒制"的论述和研究数量不断增长。2010年，《国家中长期教育改革和发展规划纲要（2010—2020年）》中提出的"制定促进校企合作办学的法规，推进校企合作制度化"，这为我国"现代学徒制"的推进营造出有利的政策氛围；2012年，教育部工作要点明确"开展现代学徒制试点"；2013年，教育部工作要点再次提出"启动现代学徒制试点"。与此同时，推动中国制造转型升级、挖掘经济增长潜力已成为社会发展的强烈需求，而"现代学徒制"中所富有的价值意蕴与追求培养"技术技能人才"的价值需求不谋而合。该阶段的多数研究是以"现代学徒制"的推进来助力人才培养为主题

---

[①] 孙晓燕. 试论现代学徒制对我国职业技术教育的意义[J]. 职教论坛，2008（02）：23-25.
[②] 蔡晨辰. 对英国现代学徒制中未完成者的思考[J]. 中国培训，2006（01）：37-38.
[③] 徐徐. 英国现代学徒制和澳大利亚新学徒制比较[J]. 昆明理工大学学报（社会科学版），2007（02）：104-107.

的,如王振洪、成军①的《现代学徒制:高技能人才培养新范式》;还有一些研究的视角侧重于"着力本土化研究与域外经验借鉴的有机结合"方面,如王喜雪②的《英国现代学徒制与我国工学结合的比较研究——基于政策分析的视角》等。

(四)繁荣阶段(2014年至今)

2014年2月,李克强总理主持召开国务院常务会议,提出"开展校企联合招生、联合培养的现代学徒制试点"。2014年5月,国务院印发的《关于加快发展现代职业技术教育的决定》明确提出"现代学徒制"试点。此时,建立"现代学徒制"上升为国家意志,成为国家制度。2015年1月,教育部公布《关于开展现代学徒制试点工作的通知》(教职成司函〔2015〕2号),正式启动国家级"现代学徒制"的试点工作;2015年8月,教育部遴选出首批165个"现代学徒制"试点单位,各省区市也相继出台有关政策推进试点工作,并形成了开展"现代学徒制"人才培养的热潮。研究者们开始关注"现代学徒制"成为国家意志之后,推动产业转型升级与"现代学徒制"的本土化及实践转向等问题。相关研究对我国"现代学徒制"的理论基础、原则、制度设计与路径选择等方面进行了较为全面的探索,如李梦卿等③的《现

---

① 王振洪,成军.现代学徒制:高技能人才培养新范式[J].中国高教研究,2012(08):93-96.
② 王喜雪.英国现代学徒制与我国工学结合的比较研究——基于政策分析的视角[J].外国教育研究,2012,39(09):89-96.
③ 李梦卿,王若言,罗莉.现代学徒制的中国本土化探索与实践[J].职教论坛,2015(01):76-81.

代学徒制的中国本土化探索与实践》；汤霓等[1]的《我国现代学徒制实施的或然症结与路径选择》等。此阶段对"现代学徒制"的研究呈现出"百家争鸣"之势，而借鉴国外经验的研究也不在少数，如陈诗慧[2]的《欧洲职业教育现代学徒制的特色、经验与启示》等。

## 二、"现代学徒制"的特点

"现代学徒制"在"传统学徒制"的基础上，将学校教育糅合到学徒制教学中，具有现代性的特点：一是"现代学徒制"的功能目的注重教育性，学徒是为学习而做；二是"现代学徒制"的教育性质不再是以师傅与徒弟间单一的技能传授为主要模式，而是包含了从职前教育、职后培训到终身教育，从正规培训到非正规培训的整个学习培训过程；三是"现代学徒制"的制度规范从行会上升到国家；四是利益相关者构成趋向复杂，政府、行业、企业、学校都参与进来；五是教学组织更加结构化，学校与企业共同开发教学资源，国家层面也有统一的课程框架标准来实现。

## 三、"现代学徒制"与校企合作的区别

"现代学徒制"是学校本位教育和企业工作本位培训紧密结合的新型学徒制度，它是以学校与企业的深度合作为基础，以学生培养为核心，以校企共同制定教学内容为纽带，以教师与师傅共同组成教学团队

---

[1] 汤霓，王亚南，石伟平. 我国现代学徒制实施的或然症结与路径选择 [J]. 教育科学，2015，31（05）：85-90.
[2] 陈诗慧. 欧洲职业教育现代学徒制的特色、经验与启示 [J]. 教育与职业，2017（15）：35-40.

深入指导为支撑的人才培养模式。"现代学徒制"基于"校企合作"，但又有较大差异。"现代学徒制"是"校企合作"的延伸与深化。一是培养对象身份不同。"现代学徒制"的培养对象是"学徒"，是企业的准员工，其权益通过法律法规进行维护；而校企合作的培养对象是"学生"，其权益通过政策规范，并不具备强制性。二是培养主体不同。"现代学徒制"的培养主体是企业，校企合作的培养主体是学校。三是对学生的教育关系不同。"现代学徒制"注重企业的雇佣与培训，校企合作关注学校的教育与实习。四是学习场所要求不同。"现代学徒制"主要是在工作现场进行实操，校企合作则是以学校为重，企业的实习环节绝大多数是通过顶岗实习进行的。五是培养目标不同。"现代学徒制"关注学徒的综合能力，校企合作主要关注学生的认知能力。

**四、"现代学徒制"的价值**

"现代学徒制"对提高职业技术教育质量、实现社会公平和促进青年就业具有重要的战略价值。

（一）教育维度的价值

"现代学徒制"是提升技术技能人才培养质量的"新路径"，也是"加快现代职业技术教育发展的重要举措"。因而，在"现代学徒制"推进过程中出现了"首席工人、技术能手带徒工程"等有着个性化色彩的人才培养路径，也出现了为契合专业特征，对专业课程体系所进行的全方位改革。

（二）社会维度的价值

"现代学徒制"能通过面向非正规经济中民间学徒，"拓展民间学徒的成才路径"，为农民工的发展提供继续接受教育的机会和帮扶，并对农村劳动力在转移过程中的"赋值"而提升他们的收入和生活质量，以促进我国社会公平、构建学习型社会的目标的实现。

# 第三章　我国现有技术人员教育考核评估体系

教育评估是提高教育决策有效性的前提和基础，是树立正确教育价值观和质量观、全面贯彻教育方针的建设性措施。教育评估是加强和改善教育管理、实现整体优化的重要环节。此外，教育评估体系的建立也是深化教育改革、大面积提高教育质量的有效手段。同时，教育评估是加强教育科学研究、促进教育事业发展的需要。

2021年10月12日，中共中央办公厅、国务院办公厅印发《关于推动现代职业教育高质量发展的意见》，《意见》指出："职业技术教育是国民教育体系和人力资源开发的重要组成部分，肩负着培养多样化人才、传承技术技能、促进就业创业的重要职责。在全面建设社会主义现代化国家新征程中，职业技术教育前途广阔、大有可为"。《国家职业教育改革实施方案》提出的建立职业技术教育质量评价体系、推进职业技术教育高质量发展。国家大力支持职业技术教育更高质量的发展，然而，推动高质量的发展需要多方面的努力，其中建立完善的职业技术教育考核评估体系是推动高质量职业技术教育发展的重要措施。

<<< 第五篇 现行基础技术人才的教育模式介绍

## 第一节 评价指标体系构建的方向性

通过分析国内众多学者对于教学质量评价指标的研究，发现他们的侧重点各不相同。从评价指标体系构建的方向上来说，洪德慧[1]指出长期以来，我国职业技术教育质量评价受到经济社会发展、国家政策导向以及技术手段等方面的限制，社会本位的评价体系占据主导地位。社会本位的职业技术教育质量评价体系过于突出其社会本位价值取向，评价标准和内容物化以及评价技术手段量化等使职业技术教育发展过度重视外部环境和硬件条件，忽视了学生个体自我发展能力的实现。在回归职业技术教育育人本质、回应学生自我实现和向上流动的要求以及呼应工业4.0时代人才标准的综合化和高技能化等背景的影响下，职业技术教育质量评价体系必须转向以人为本，将满足学生个体自我发展和持续发展作为评价标准和内容，突出质性和量化的混合方法，并不断推进职业技术教育体制改革，完善职业技术教育质量评价的内外部环境，推进职业院校自我评价、政府评价和第三方评价的深度融合。郭华提出坚持"职业+教育"的评价价值取向，以培养自身全面发展、符合社会发展需要的职业人才为根本目的，从评价原则、评价主体、质量管理、发展视野等方面继续深化改革，为职业技术教育的可持续发展服务，为终身教育体系与和谐社会的构建服务。

---

[1] 洪德慧. 职业教育质量评价体系：从社会本位走向以人为本[J]. 中国职业技术教育，2019（10）：59-65.

## 第二节 教育质量评价

面对新时期的经济社会的新常态发展战略，我国的职业技术教育也应积极对接国家战略，进一步提高教学质量，提升服务社会的水平，建设和完善职业技术教育质量评价标准体系是新时代中国职业技术教育高质量发展的重要内容。但目前仍没有一种权威性的评价标准，国外现有的职业技术教育评价体系对我们具有一定的参考意义，新西兰针对本国的职业技术教育的特点和需求，开发了"成果+关键过程"导向的职业技术教育质量评价标准，建立了完善的职业技术教育质量评价标准体系，对促进经济社会快速发展起到至关重要的作用。此外，国外第三方参与职业技术教育质量评价已成为一种常态，在美国、英国、德国、澳大利亚等国家的职业技术教育质量评价中，都在不同程度上引入了第三方参与机制。结合我国职业技术教育评价实际，并借鉴国外第三方评价的成功经验，有助于建立和完善我国的职业技术教育第三方评价机制，也为我国职业技术教育质量评价设计提供了借鉴。

杨公安等[1]人论述了职业技术教育质量评价标准体系的缺失导致学校缺乏明确奋斗目标和办学标准，造成学校在提高教育质量方面处于既无外在压力又无内在动力的双重困境。并依据目标设定理论，尝试建构包括7个类别、19个项目、27个领域、93个关键点的新时代职业技术

---

[1] 杨公安，白旭东，韦鹏. 职业教育质量评价标准逻辑模型与体系建构[J]. 中国职业技术教育，2019（20）：78-85.

教育质量评价标准体系，以标准建设促进职业技术教育质量的提升。唐以志[①]为进一步推进职业技术教育质量评价标准等相应领域的理论研究，建立紧跟评估理论前沿并体现职业技术教育特色的职业技术教育质量评估体系，从质量概念变化趋势及国外评估模式和质量评价标准的分析入手，借助过程分析的方法提出将效率、效益、相关性、影响、有效性等效果指标作为职业技术教育质量的评价标准。姜泽许[②]提出提高质量是职业技术教育产教融合发展的永恒主题，也是构建职业技术教育产教融合质量评价体系的最终目的。职业技术教育产教融合质量评价体系的构建，需要以理论与实际需求为基础，充分考虑学校、企业、行业、教师、学生和企业职工等各参与主体的现实需求。基于此，尝试构建了职业技术教育产教融合质量评价体系，评价体系涉及组织保障、课程和教学、毕业生评价、行业协调指导、教师发展、基地建设等三级指标体系及各指标的权重，为职业技术教育产教融合的质量评价提供了参考依据。

## 第三节 课堂评价

课堂教学评价专指对在课堂教学实施过程中出现的客体对象所进行的评价活动，其评价范围包括教与学两个方面，其价值在于课堂教学。

---

① 唐以志. 关于以效果为导向构建职业教育质量评价标准的思考［J］. 中国职业技术教育，2016（06）：12-16.
② 姜泽许. 职业教育产教融合质量评价体系的构建［J］. 职教论坛，2018（05）：34-39.

课堂教学评价是促进学生成长、教师专业发展和提高课堂教学质量的重要手段。教学质量的水平直接影响课程教学水平，而职业技术教育的课堂又不同于普通教育的课堂，职业技术教育课堂的评价不仅要关注普通教育课堂的评价，更要关注实践课堂的评价，双管齐下才能建设更好的职教课堂（图5-1）。

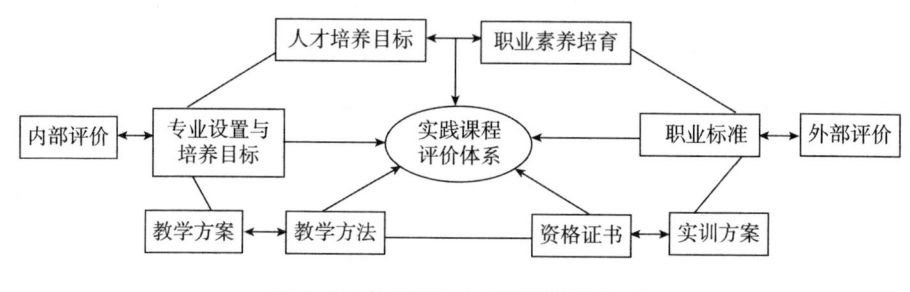

图 5-1　高职院校实践课程评价体系

李青等①在多元评价主体构成及评价标准制定、评价方法或过程选择、评价结果的应用三个方面，通过"三结合"（学校、企业、社会）抓好课堂教学评价，可以解决以往课堂教学评价的痛点问题，吸纳学生、同行、督导、教师等参与课堂评价，共同探讨课堂教学并共享经验，建立自我改进的课堂质量保障机制，让学校优质课堂建设"实"起来。此外，还有一些学者建立了课堂评价的体系，如白虹雨等②建立了职业技术教育的课堂评价体系，他们认为职业技术教育课堂教学系统性评价是对职业技术教育课堂教学中的教学动力、教学目标、教学愿景、教学投入、教学组织和教学质量六个方面的全息式评价。在职业技

---

① 李青，卢坤建，郑若诗，等．"四位一体"三结合精准开展课堂教学评价的探索与实践［J］．中国职业技术教育，2019（17）：59-62．
② 白虹雨，朱德全．职业教育课堂教学系统性评价：理念、设计与实施［J］．职教论坛，2016（15）：81-86．

术教育课堂教学系统性评价中要始终贯穿人本、公正、科学、发展的评价理念，坚持职业技术教育课堂教学评价的SAMRT原则[1]，以全面发展为评价目的，教师、学生等全员参与为评价主体，采用积分制的模式，以真实为基础，综合运用多种评价方法，在过程中适时调控，为教师和学生提供决策服务，最终实现"以评促教"，提升职业技术教育课堂教学质量。康晓明等[2]提出"教学做一体化"课程教学的实施和教学效果评价离不开课堂教学标准和评价标准的构建。课堂教学要明确对任课教师的素质要求并对教学要素进行分析，评价标准制定应基于"以学生为中心"的评价理念，保证良好的"教学做一体化"教学成效。

陈蕾等[3]提出了职业技术教育实践课程评价体系的构建，他们认为作为高等职业技术教育教学的重要组成部分，实践教学是促进课程改革、提高教学质量的必要措施。"双高计划"的提出为课程评价改革带来了新的发展机遇与挑战，然而目前我国高职院校实践教学课程评价环节仍然存在评价课程与实践标准脱节、实践课程评价主体专业性不强、多种实践环节采用通用的评价标准等短板，从形成多元评价主体、课程评价与开发相结合以及课程评价体现实践课程差异化等方面对我国高职院校实践课程评价标准体系的构建提出了建议。

进入新时代，科技的快速发展带来了教育的深刻变革，移动设备进

---

[1] SAMRT原则，即specific、measurable、attainable、relevant、time bound的缩写，译为目标明确、可以衡量、可以实现、具有相关性、时间明确五项原则，是为了使制定的目标能够准时，在保证高效率完成的前提下而制定的目标执行准则。
[2] 康晓明，许冰冰，陈晓青．"教学做一体化"课堂教学标准和评价标准研究[J]．中国职业技术教育，2016（11）：26-29．
[3] 陈蕾，黄睿，黄志平．高职院校实践课程评价体系构建[J]．中国职业技术教育，2021（11）：61-64．

入课堂成为现代教学的一种趋势行为。苗玲玉等[①]梳理使用移动设备作为一种教学手段走进高职院校课堂教学普遍存在的问题，从标准设定、课程育人、数据分析、多元监控、第三方评价、信息反馈、动态改进等多角度，阐述对基于移动设备的课程管理和对"学生满意课堂"的教学评比；介绍了以学生为中心、以结果为导向、以持续改进为特色的课程管理与课堂教学评价运行机制，以期通过案例分析提供破解课程思政与教书育人功能割裂难题的思考角度。

## 第四节 学业评价

学业评价也是教育考核评价体系中重要的组成部分，学业评价是评判学生技能掌握程度的主要方式，无论是哪个阶段的日常教学工作，其最终目标均是保证学生在学业评价时能够通过考核，因此学业评价是教学工作的导向标，意义重大。有效的学业评价措施能够保证学生在学习期间德智体全面发展，然而目前在高等职业技术教育院校的学生学业评价工作中，还存在着许多不足，直接影响着评价体系的有效性。

首先，评价标准失真，难以反映学生的技能水平。受传统教学观的影响，不少高职院校一味强调考试分数，并以此作为学业评价的基准，这就导致一种只顾应付考试，而不注重实践的不良现象。事实上，学生的很多能力是反映在考试内容之外的，分数高的学生不一定实践能力同

---

① 苗玲玉，鲍风雨. 课堂教学评价：运用移动设备实现课程思政的院校案例［J］. 中国职业技术教育，2019（05）：36-40.

样好，而分数低的学生也不一定实践能力低下，单纯追求分数扼杀了学生在其他方面的天赋，也直接导致专业课无法有效调动学生的积极性，这样的评价难以达到有效效果。其次，考核大多以卷面形式为主，内容难以反映高职教育的所有方面。一方面，目前几乎所有高职院校是以限时卷面考试为主要学业评价手段的，而高职教育强调的不是单纯的理论性，更包括无法用书面文字表达出来的技能操作、口头操作等。可见，卷面形式的考核结果并不能立体地显示学生的专业技能掌握程度。另一方面，学业评价不仅是学生毕业升学的重要参考依据，也是检验其教学质量的重要参考，中职学校学业评价关系到学校、学生、家庭、社会的多方面利益，但目前传统的中职学校学业评价沿用普能教育的评价模式，难以满足中职学生面向社会发展以就业为目的的培养目标，中职学校亟待出现新的评价模式。陈群[1]等从现行中职学生学业评价的现状入手，结合中职学校及中职学生发展的特点，以"二阶段三课堂"评价模式为例，阐明了该学业评价模式的特点，以期对中职学生学业评价的变革提供参考。

  考核学生的学习要突出技能，促进学生课程考试与职业资格鉴定的衔接，弱化以传统的卷面考试成绩评价学生；建立用人单位与社会反馈机制，收集毕业生对岗位的适应性、毕业生工作能力和知识结构的合理性等信息，将企业对学生的满意度和社会对学生的认可度纳入学生综合评价体系，最终形成学校、企业、社会"三评合一"的学生评价体系。建立以能力为核心，学校、企业和社会共同参与的评价模式。构建与学生评价模式改革相适应的教学运行机制与质量评价体系，从而全面提高

---

[1] 陈群，王彬，周彬. 对中职学校"二阶段三课堂"学业评价模式的再认识[J]. 职教论坛，2011（06）：54-56.

人才培养质量。

## 第五节 教材评价

教材又称课本，它是依据课程标准编制的、系统反映学科内容的教学用书，教材是课程标准的具体化，它不同于一般的书籍，教材的编辑要妥善处理思想性与科学性、观点与材料、理论与实际、知识和技能的广度与深度、基础知识与当代科学新成就的关系。技术教育是培养技术技能人才、促进就业创业创新、推动中国制造和服务上水平的重要基础，对于国家产业和经济社会的发展具有重要支撑作用。无论是"中国制造2025"，还是"工业4.0"，以及行业产业的转型升级、技术的更新换代，都对培养技术技能人才的应用型学校提出了新的挑战。

国家教育，教师先行，教材核心。教材是知识、思想与技能传承的载体，是教与学的基本依据，是学生与教师、与学校、与社会的强力纽带，是解决"三教"改革中"教什么"的核心问题。当前，评价职业技术教育教材质量多采用教师主观经验判断的方法或以普通教育教材评价指标为依据，缺乏适用于高等职业学校专业课教师选用教材的科学依据，尚未构建出凸显职业技术教育教材特色的评价指标体系，但仍出现了一些有益的积极探索。

王常雪[1]发挥教材指南针作用，分析新时代职业技术教育教材"六

---

[1] 王常雪. 新时代职业教育教材类型特质及量化评价体系建构[J]. 职业技术教育, 2021, 42 (21): 28-31.

化"类型特质,构建了以 10 个一级指标、41 个二级指标组成的职业技术教育教材评价指标体系(表 5-1)。李鹏和石伟平[1]转变评价思维,首先从实践思维、权变思维和统计思维去建构职业技术教育教材评价理念。然后从内容标准、设计标准、制作标准、应用标准和风格标准建立职业技术教育"好教材"的评价体系,根据不同评价标准的聚合建构职业技术教育"好教材"等级认证尺度(表 5-2),参照实践水平对职业技术教育教材进行合格、优秀与经典三级水平认证。最后借鉴国外职业技术教育教材评价的实践经验,变革中国职业技术教育教材评价制度体系,为中国特色职业技术教育"好教材"建设提供制度保障。

表 5-1 职业技术教育教材评价指标

| 一级指标 | 二级指标内容 |
| --- | --- |
| 意识形态 | (1)坚持正确的政治方向和价值导向,体现党和国家意志,符合党的教育方针;(2)坚持立德树人,弘扬社会主义核心价值观,加强爱国主义、集体主义、社会主义教育,弘扬劳动光荣、技能宝贵、创造伟大的时代风尚,体现道路自信、理论自信、制度自信、文化自信,引导学生树立正确的世界观、人生观、价值观;(3)利于学生德智体美劳全面发展,落实党和国家对人才培养的有关要求,注重专业精神、职业精神、工匠精神和劳模精神的培养,提高学生的职业道德和职业素养;(4)蕴含课程思政元素,加强中华优秀传统文化、革命传统、法治意识和国家安全、民族团结以及生态文明教育 |

---

[1] 李鹏,石伟平. 什么样的教材是"好教材"——职业教育教材评价的理论反思[J]. 教育发展研究,2019,39(19):59-67.

续表

| 一级指标 | 二级指标内容 |
| --- | --- |
| 培养标准 | (1) 符合市场经济需求和产业结构转型升级对技术技能人才的要求，培养面向岗位的人才，体现职业特色；(2) 符合国家课程设置和课程标准、专业教学标准等国家教学标准，符合统一规范的高等职业学校专业教学标准、课程标准、产业标准、职业标准、技术标准、顶岗实习标准、毕业生质量标准，接轨国际标准；(3) 对接"1+X"资格证书，教证融合，职业资格考评目标准确，题库丰富；(4) 学生素质、知识、能力培养体系明确，符合人才培养方案要求 |
| 内容设计 | (1) 内容准确无误，语言严谨求实，逻辑清晰，结构框架合理，与时俱进，适用国家最新法律法规；(2) 案例生动翔实，贴近生活实际，时事热点丰富，图文并茂；(3) 体现现代职业教育教学方法，任务驱动，项目引领，模块设计，应用性和实操性强，利于实现教学做一体化，达到工学结合、知行合一，满足项目学习、案例学习、模块化学习等不同学习方式要求；(4) 难易适中，深意和广度适应学生不同认知水平，满足学生学习发展特点，符合人才培养规律，课堂应用效果好；(5) 体现"以学生为中心""做中学，做中教"等职业教育理念，激发学生学习兴趣，以学习成果为导向，促进自主学习，在课前、课中、课后使用率高，利于提高学生习得能力；(6) 部分内容具有相对难度及复杂性，利于学生开拓思维、举一反三、创新方法；(7) 具备考核评价项目，实现及时习得反馈功能，夯实学习成果；(8) 适合教师教学，支持多种教学策略和方法，便于构建课堂教学体系；(9) 教材内容篇幅与教学时数匹配；(10) 内容科学先进，针对性强，基本理论和基本概念定理叙述准确，基本技术规范和技术要求描述正确，推理论证合理，引用定理、数据、图表来源可靠，事实和现象、工作过程、工艺流程描述清楚准确，理论联系实际恰当合理，名称、名词、术语等符合国家有关技术质量标准和规范；(11) 内容与时俱进，反映我国经济社会发展新成就、科技发展新成果，体现学科专业、行业发展新动态，反映新知识、新技术、新工艺和新规范；(12) 适应学生学习基础，符合学生年龄和认知特点，宜教适学；(13) 适应职业岗位需求与学生可持续发展 |

续表

| 一级指标 | 二级指标内容 |
| --- | --- |
| 技术设计 | （1）采用适宜的多媒体教学资源表现教材内容，配套必要的教学资源，多媒体素材质量高、平台界面友好、易于应用和传播；（2）可用多种恰当媒介和网络学习平台，形成易于学习获取的电子化教材；（3）提供多种教学辅助工具，如教具、学具、光盘、超链接等数字资源，使用高效快捷 |
| 结构安排 | （1）课程内容相对完整、框架清晰、层次分明，不同部分内容相互关联，有逻辑，内容由浅入深、由易到难、由简单到复杂，循序渐进；（2）结构开放，内容安排动态，配套资源丰富，满足弹性教学、分层教学、混合式教学等需求 |
| 校企合作 | （1）行业企业专家参与编写，体现产教融合、校企合作、工学结合；（2）实践经验丰富且专业知识水平高的教师与行业企业专家共同开发实训模块、项目校企模块，与岗位实际工作联系紧密；（3）体现行业最新技术规范标准，采用新知识、新技术、新工艺、新方法、新流程、新标准、新步骤；（4）为学生面对具体岗位学习实践及企业员工专项培训提供有效参考材料 |
| 社会服务 | （1）为社会从业人员、基层工作者、应试人员、培训人员提供教学参考材料；（2）为该专业领域同类院校或行业企业提供可参考性内容、案例、素材、标准、技能等 |
| 文本质量 | （1）编写格式统一，语言文字使用规范，内容全面且不冗余，表述清晰准确；（2）无错别字、缺项漏项、语序不通、标点符号错误、语法错误等问题；（3）文字通顺流畅、简洁易懂，图、文、表编排科学合理，有助于提升阅读体验，增强学习兴趣 |
| 出版质量 | （1）装帧新颖，印刷精良，无缺页、空白页等问题；（2）开本大小、纸张质量优等，节约环保，结实耐用，性价比高；（3）印刷墨色均匀，图片清晰，装订平整，顺序正确，体现绿色环保理念 |

续表

| 一级指标 | 二级指标内容 |
|---|---|
| 特色创新 | （1）以"企业岗位（群）任职要求、职业标准、工作过程或产品"为教材主体内容的活页教材或工作手册式等新型教材；（2）依托互联网、多媒体等信息技术，由数字课本、电子教案库、微课库、虚拟仿真实验平台、虚拟工厂、试题库、学术论坛等多种特色显著、效用明显的教学资源构成的立体化教材；（3）育人功能显著，具有示范性、引领性 |

表 5-2 职业技术教育"好教材"评价标准的建构

| 评价维度 | 评价尺度 |
|---|---|
| 内容标准 | 价值性、正确性、科学性、先进性 |
| 设计标准 | 逻辑性、合理性、实用性、多样性 |
| 制作标准 | 规范性、艺术性、立体性、实惠性 |
| 应用标准 | 便利性、适用性、广泛性、有效性 |
| 特色标准 | 思想性、文化性、学术性、国际性 |

## 第六节 双师型教师综合能力评价体系

自职业技术院校创办以来，一直将带动社会经济发展、培养高素质技术类人才作为根本目标。同时，在社会主义市场经济模式及现代化教学体制的双重影响下，我国职业院校逐渐制定了促进"双师型"教师发展的相关体系。与传统职业院校教师培养模式不同，"双师型"教师团队更加职业化、专业化，主要表现在：第一，从人才培养标准角度出发，传统教育机制模式下的职业院校主要培养研究型、学术型、学科型人才，而在"双师型"教师培养机制下主要培养具有实践创新能力、应用能力、理论基础的复合型人才；第二，从人才培养模式角度出发，传统教育机制模式将其教学重点置于理论教学上，而"双师型"教师培养机制以适应社会发展需求、适应时代发展规律为目标，应将其教学重点置于提升学生的实践能力与应用能力上。因此，针对职业院校"双师型"教师的评价也具有十分重要的意义。

洪梅和王桔[1]基于学校发展规划与评价指标导向相结合的原则、动态性与静态性相吻合的原则、定性与定量相协调的基本原则，运用综合分析法，设计了"双师型"教师的实践能力评价路径。评价分级标准主要分为四级，V1优秀，V2良好，V3平均，V4较差。"双师型"教师综合评价要点如表5-3所示。刁均峰和韩锡斌[2]基于信息时代的职业技术教育教师多角色的特征，初步建立了评价职业技术教育教师教学能力的评价指标体系。继而采用修正式德尔菲法（专家调查法），选取职业院校一线管理与服务专家，通过一轮试测和两轮专家咨询，经过讨论与修改，形成专家共识，构建了包括6个一级指标、19个二级指标和56个三级指标的评价指标体系，并利用层次分析法确定各指标的权重。在理论上拓展了职业技术教育教师教学能力评价的知识体系，实践上为职业院校教师教学能力评价与诊断提供了可操作性的依据和工具。

---

[1] 洪梅，王桔. 职业教育背景下"双师型"教师综合能力评价体系[J]. 教育与职业，2017（09）：71-75.
[2] 刁均峰，韩锡斌. 职业教育"双师型"教师教学能力评价指标体系构建[J/OL]. 现代远距离教育，2021-12-08.

表 5-3 "双师型"教师综合评价要点表

| 一级指标 | 二级指标 | 评价要点 |
| --- | --- | --- |
| 师德师风 | 职业道德 | 职业精神与操守 |
| | 教学态度 | 教学态度端正、品行优良 |
| | 学术道德 | 恪守学术道德 |
| 教学工作 | 教学工作量 | 指导学生数、班级数、学时数 |
| | 教学改革 | 教学改革项目级别和数目 |
| | 教学效果 | 教学改革效果、学生评教 |
| 科学研究 | 研究项目及经费 | 研究项目类型、级别与经费 |
| | 学术论文 | 学生论文发表级别和数量 |
| | 研究成果与水平 | 获国家级奖励、省部级奖励，出版专著、译著，申请专利等情况 |
| 职业能力 | 核心技能 | 核心技能综合评价 |
| | 行业专门技能 | 对程序性技能的掌握程度，包括所获得的学历和学位情况 |
| | 职业专门技能 | 对操作性知识的掌握程度，包括所获得的职业资格证书情况 |
| 实践能力 | 岗位能力的认知 | 对本专业岗位所需能力的认知是否清晰、到位 |
| | 企业经历 | 企业从业经历与时间 |
| | 专业培训及实践教学 | 参加专业培训级别和次数，实践教学组织协调能力 |

## 第七节 教育质量监控评价体系

我国的职业技术教育，从 20 世纪 80 年代开始得到了大力发展，在很长一段时期内，职业技术教育作为一种选拔性教育，比较注重入学者的入学资格,而对职业学校毕业生的质量没有明确的标准和衡量的手段、机制,可以说是"严进宽出"。随着劳动预备制度的实施和高等教育的大众化进程加快,中等职业技术教育和高等职业技术教育已向普及型和大众化的方向发展,原来所注重的入学者的入学条件正被逐步淡化,已从"严进"向"宽进"转变。在这种形势下,如果职业技术教育仍实行"宽出",则职业技术教育的质量难以得到保证,其对经济发展的促进作用难以得到发挥,职业技术教育将失去其应有的地位与作用。职业技术教育必须由过去的"严进宽出"向"宽进严出"转变,而建立职业技术教育质量评价与监控体系正是"严出"的迫切要求。

因此,对于职业技术教育质量监控的评价体系也应被考虑,王江清[1]论述了政府或教育行政部门对区域职业技术教育质量的监控非常重要,自2009年以来,湖南省先后建立了专业技能抽查、毕业设计抽查、公共基础课普查,以及专业人才培养方案评价、专业技能考核标准评价、新设专业合格性评价制度。通过"三评"规范专业设置和人才培养质量标准与实施方案,通过"三查"倒逼学校改进专业教学,有效促进了职业技术教育质量的持续提升,初步形成了具有湖南省特色的省级职业技术教育质量监控体系建设模式。杨化奎等[2]分析了强化职业技术教育管理评价体系的重要性。构建完善、有效的质量管理评价体系并使之充分发挥作用,是职业院校提升办学质量、增强核心竞争力的关键,结合当前我国所面临的供给侧结构性改革、新旧动能转换以及创新型国家建设等一系列顶层设计急需的人才种类、类型与院校的人才培养

---

[1] 王江清. 评查协同 结果倒逼 省级职业教育质量监控体系建设模式探索[J]. 中国职业技术教育, 2020 (22): 25-28.

[2] 杨化奎, 温巍, 刘伟宏. 职业院校质量管理评价体系的瓶颈与构建策略[J]. 教育与职业, 2018 (19): 47-51.

实际分析，强化质量管理评价体系显得尤为重要。基于此分析，文章在分析职业技术教育质量管理评价体系理念变迁的基础上，全面"问诊"职业院校质量管理评价体系的建设现状，针对学校自评羸弱、缺乏高职特色、政府评价趋于形式化、第三方评价发展不足四个方面的问题"对症下药"，从多个角度、多个方面开出"良方"。具体包括：全面展开学情调查，实现质量管理评价的科学化、精准化；突出职业院校的自我评价，实现质量管理评价的综合化、全面化；构建多方参与的质量管理评价机制，实现质量管理评价的多元化、互动化；推进"元评价"的理论研究和实践探索，实现质量管理评价的科学化、先进化。

总之，我国现有技术人员教育考核评估是一个整体，从已有文献与研究来看，现有职业技术人员的教育考核评估主要体现在评价指标体系构建取向、职业技术教育质量评价、职业技术教育课堂评价、职业技术教育学业评价、职业技术教育教材评价以及对职业技术教育质量的监控和管理评价体系等方面。

# 第六篇　当前中国基础技术教育发展

教育是立国之本，强国之梦，职业技术教育作为教育的重要组成部分，越来越受到重视，而基础技术教育肩负着为国家培养新时代基础工程技术人才的重任，是职业技术教育的主体组成部分。党的十八大之后，"大力发展职业技术教育"已经被提上日程。中国经济飞速发展，经济种类越来越多，各个部分都需要大量的技术人才。尽管目前中国基础技术教育发展取得了很大的成就，但在其发展过程中有很多阻碍。这些阻碍主要表现在政策、经济、人民群众的思想观念等方面。完善基础技术教育和培训体系，深化产教融合、校企合作，是时代发展的需要。本研究根据社会调研、问卷分析以及主要职业技术院校的教学培养模式系统总结了当前我国基础技术教育发展过程中的主要问题，并出合理建议。

# 第一章 我国基础技术教育发展中的问题

## 第一节 入学率低

近年来,我国的基础技术教育发展迅速,但与欧美等西方发达国家相比,仍然比较落后。2016年,全国中等职业技术教育共有学校1.09万所,比上年减少309所。其中,普通中等专业学校3398所,比上年减少58所;职业高中3726所,比上年减少181所;技工学校2526所,比上年减少19所;成人中等专业学校1243所,比上年减少51所。中等职业技术教育招生593.34万人,比上年减少7.91万人,占高中阶段教育招生总数的42.49%。其中,普通中专招生255.18万人,比上年减少4.76万人;职业高中招生151.43万人,比上年减少3.76万人;技工学校招生127.2万人,比上年增加5.77万人;成人中专招生59.53万人,比上年减少5.15万人。

2019年,全国中等职业技术教育共有学校1.12万所,比上年减少676所,生师比为20.47:1。受我国的经济结构调整、高校扩招和职业技术教育自身吸引力不强等因素的影响，进入职业学校的初中毕业生明显减少，生源质量下降，招生人数降低。

## 第二节 投入资金占比不高

由于受传统观念的影响，家长、社会、政府不太重视职业技术教育，职业技术教育普遍存在"偏冷"的现象。人们对职业技术教育的歧视导致学生家长不愿意选择职业学校，这样就使职业技术教育学校的生源不断减少，学生素质普遍偏低，厌学现象大量存在。部分职业学校的老师发出"生难招、书难教、人难管、校难存"的感叹。职业技术教育受到前所未有的阻碍，对职业技术教育的投入也就相对减少了。投资整体向普通教育倾斜，导致职业技术教育投资比例过低。

职业技术教育的经费来源基本上依靠政府的教育拨款，政府的财力总体上又十分有限，对职业技术教育的投入总体不够。职业学校是为了培养各行各业有技艺的劳动者，但在实际培养过程中，其对职业技术教育的投资微乎其微。如果职业技术学校无法很好挖掘、利用社会资金，大力引进各类社会资金来促进学校办学、发展，那么我国的职业技术教育将长期面临着办学经费十分短缺的困境，从而使职业技术教育的发展成为无源之水、无根之木。

按照《国家中长期教育改革和发展规划纲要（2010—2020年）》的基本要求，职业技术教育经费应该占国家教育总经费的20%，但这个目标至今未能实现。2012年，高职教育在校学生人数占高等教育学生总人数的40.9%，但其教育经费仅占高等教育总经费的18.5%，教育经费的比重与学生人数的比重不成比例。中等职业技术教育在校生人数在2012年占普通高中的在校生总人数的43.1%，但其获得的教育经费只有普通高中的75%。2013-2016年，我国职业技术教育的总经费只占教育总经费的12%，与国家提出的20%目标还有较大差距，与19.8%的国际平均水平也有差距。

## 第三节 区域分布不平衡

在新时代，虽然我国职业技术教育已获得空前发展，但国内各地的职业技术教育发展水平并不一致，受地方经济发展水平影响，职业技术教育也有着地域差异所带来的发展不平衡现象。职业技术教育为地方经济提供发展所必需的技能型人力资源保障的同时，地方经济为职业技术教育提供必需的发展资源，对职业技术教育发展方向和发展水平起着举足轻重的作用。很大程度上，职业技术教育所能获得资源的多寡直接影响其自身发展规模的大小和发展水平的高低。根据国内31个省区和直辖市的职业技术教育所获资源情况，大致呈现由东部沿海向内陆地区逐次递减的阶梯形结构分布，表现为区域性职业技术教育不平衡的发展状态。

随着近年来高等职业院校不断兴办，多数学校以优化合并、强强联合或转办高职为主，其整体办学实力在不断增强。但这种优化和整合的趋势主要偏向于大中型城市和经济发达地区。东部地区的职业技术院校数量比中部和西部要多，学校规模更大，教育资源更好，西部地区职业技术院校生均预算教育经费还不到东部地区的一半。如果以一万人拥有的中等职业技术学校在校学生数作为评价职业技术教育发展力度的一个重要指标，来反映地区人口受教育程度特别是受职业技术教育的力度的话，全国平均每万人拥有中等职业技术学校在校生为97人。按照东、中、西部地区测算，东部地区为119人，中部为105人，西部为74人。特别是地方政府的配套经费支持在部分贫困地区尚不能兑现，而且有近30%的省区尚未制定配套经费支持标准。

除此之外，我国现阶段职业技术教育在城市和乡村协调发展中仍存在一定的失衡，农村职业技术教育的发展情况仍滞后于城市。近年来，在国家大力推进教育公平的驱动下，农村职业技术教育取得了较为明显的发展。接受中等和高等职业技术教育的农村生源呈逐年增加趋势，接受职业培训的人数也在不断增多，但城乡之间接受职业技术教育的程度仍有一定差距。职业技术教育教师资短缺也一直是困扰广大农村地区职业技术教育发展的重要因素。农村和边远地区的职业技术教育师资水平远远落后于高等职业院校和各地区示范性中职学校，农村地区教师自身知识和实践能力水平更新换代较慢，特别是"双师型"教师缺口严重。再有，农村和边远地区职业学校所在区域多是一些小规模、技术水平较低和经济实力较弱的企业，农村职业学校很难依托当地企业实施校企合作、产教融合来促进职业技术教育的发展。这些因素在很大程度上削弱了农村学生获得更好、更多职业技术教育的机会。

## 第四节　社会认可度低

2017年3月，教育部部长陈宝生就"教育改革发展"的相关问题回答中外记者的提问时谈道："职业技术教育这一块，我们提供近千万的毕业生,源源不断地支撑国家的经济发展,这是做出的贡献,但是我们还不适应。不适应在什么地方?不适应在我们的办学理念,整个社会的理念都不适应。就社会的理念来说,大家希望上普通高校,不上职业高校,还是重普通教育,轻职业技术教育,这是理念方面的深层次问题,要解决这些问题,以促进职业技术教育健康发展。"陈部长的讲话实事求是,是对职业技术教育存在之社会环境真实、客观的概括。职业技术教育的目标是培养高素质技术技能型人才,技术技能型人才属于"工""商"的范畴。我国传统的士、农、工、商职业排名延续了几千年深入人心,现在虽然有些改变,但"劳心者治人,劳力者治于人"的观念仍然流行。同等条件下,家长更愿意孩子进入普通学校学习,将来成为"劳心者"。选择专业时,即使有的孩子想学习有一技之长的专业,但鉴于家长深陷在自古崇尚"权力"的氛围中,孩子也很容易被说服,选择了父母认为很有"前途"的"管人"专业!这种理念被黄炎培视为"职业技术教育之礁"。职业技术教育是我国教育事业的薄弱环节,被人们认为是一种退而求其次的教育。我们不能忽视、鄙视和排斥职业技术教育的社会理念和社会氛围对职业技术教育发展的羁绊。

当前,我国发展迈入新阶段,要构建新发展格局,必须贯彻新的发展理念,实现职业技术教育高质量发展。既要客观地看待当前我国制造业的人才需求状况,尽管我国制造业已迈入4.0时代,但内部大部分行业企业停留在3.0甚至是2.0的阶段,对于各类技术技能人才仍有大量需求,职业技术教育在人才培养方面仍将长期发挥重要作用;又要清楚地认识到,仅依靠以制造业为主的经济发展方式和以低层次技术工人为主的人才培养模式来带动社会持续进步和高质量发展是行不通的,必须通过加快产业结构转型升级、培养高素质的复合型人才来创造第二次人口红利，以实现更高质量的经济和社会发展。"办人民满意的教育"一直是党和政府坚持的方针，也是职业技术教育的发展追求，但现实情况是中等职业技术教育发展并不令人满意。调查结果显示，不论是社会大众、学生家长还是受教育者，对职业技术教育的期望值都较低。主要原因在于，对职业技术教育的社会偏见始终存在。在中国传统观念中"万般皆下品，唯有读书高"，然而，时代浪潮滚滚向前，我们当前的人才培养目标早已不是"学而优则仕"，而是更多关注人本身的发展，让每个人都有人生出彩的机会，因而技术工人、技能人才并非低人一等，职业技术教育也并非劣等教育。

受传统观念的影响，我国职业技术教育竞争力不强，从国家教育政策导向来看，政策集中且焦点的仍然是高等教育改革的问题，有数据显示，当前我国产业领军人才、高层次技术专家和高技能人才严重匮乏，在电信行业，现有高端技术人才占全行业专业技术人员比例仅有0.14%；在海洋领域，我国在世界海洋专家数据库中登记的技术专家不足百人，不到全球总量的1%；在电子信息产业中，技师、高级技师占技术工人比例仅为3.2%，而发达国家一般在20%至40%之间。转型需以就业为导向，政府部门要着力采取一系列对职业技术教育有影响的积极政策，如尝试取消高校招生的批次设置，让职业院校与普通院校平等竞争。现实中，不少用人单位为降低成本，对入职人员未能采取岗前培训制度，从而进一步降低了职业技术教育的地位。

## 第五节　企业参与度不强，缺乏相应监管

在特有的社会文化和国情背景中，中国高等基础技术教育形成了双轨并行而不互通、政府主导自上而下、学校本位企业缺位的发展模式。在校企合作中，合作形式单一、合作内容简单，而企业参与职业技术教育又会增加其人力成本，在企业员工流动性较强的情况下，会影响企业办学的效益，也就很少会有企业愿意承担相关的办学成本，而国家对于企业参与职业技术教育和激励机制并不明确，也没有规定企业对职业技术教育的义务和责任，进而导致企业参与度并不强。校企合作是职业技术教育发展中的重要部分，企业的积极参与对学生的专业发展有着不可或缺的作用。目前缺乏校企合作的监督条例，企业和学校的责任不明确，例如学生在企业实习时出现的问题，不能给予保障，造成企业和学校推卸责任的局面。对于就业市场、招生市场、劳务市场、资金、硬件设施市场之间，政府未能给予有效监督。一般表现为这些市场之间没有形成相应的良性供求关系，职业院校的招生比较混乱，生源差，甚至有些学校的招生手段不合理，学校的宣传过于夸张，对学生在选择志愿时有一定的误导。

高技能人才的培养需要学校和行业企业的共同努力，但是相当一部分职业院校深感"校企合作的紧密度和校企合作的常态化是职业院校发展的瓶颈"，校企合作仅流于形式；相关的法律法规没有明确企业在校企合作方面的权利与义务，现实中，企业与职业院校合作很少有看得见摸得着的"好处"，企业参与职业技术教育的积极性不高，多数校企

合作关系的建立和维系主要靠"关系和信誉",长效机制没有建立起来。在某些职业院校的学校办学过程中,很少有行业、企业的人员主动进入课堂、走近学生;即便真的有些行业企业人士进入职业院校的课堂进行教学,也会因为待遇方面难以落实、管理刻板而导致这些人员流失相当严重;甚至相当多的职业院校或许根本不知道什么是真正的"校企合作",往往认为让学生到行业企业去干活就是"校企合作",致使职业院校学生的实习和普通院校学生的实习没有不同。

## 第六节 立法层面不完善

改革开放之前,并没有专门的教育法,教育法是行政法的一个分支,党的十一届三中全会之后,编订了相对完整的职业技术教育法,与职业技术教育发达国家相比,时间短,不够完善。德国作为职业技术教育强国,教育立法先进,其职业技术教育法律总共分为7个部分,包括对职业技术教育的直管部门、经费预支,都做了明确划分,而我国的立法与之相比,总体有些太宏观。再者我国的贫富差距过大,地区发展不平衡,每个地区的教育现状存在一些差异,目前的教育现状都是由政府统一立法,立法的涉及面和实施面对一些相对落后地区不利。

我国的职业技术教育成规模发展始于20世纪90年代,但是相关法律制度的建设并没有逐步完善,甚至可以说完全落后于职业技术教育自身的发展。在公开资料中可以查到的、位阶最高的法律是1996年5月15日通过的《中华人民共和国职业技术教育法》,共计540条,并且没有修改的信息。这是我国唯一的职业技术教育方面的法律。我国指导职业技术教育发展的文件最多的是出自教育部，并多为非立法性文件，属于法律范畴的规章则少之又少；地方指导本地职业技术教育发展的地方性法规和地方政府规章更是少见。对于国家教育重要组成部分的职业技术教育，仅仅依赖国家政策进行规范、指导，显然不符合职业技术教育的自身发展规律，与依法治国的历史潮流不相适应。

从现有的相关法律的具体要求来看，已认识到当前职业技术教育领域在法律法规层面的重点任务，其中存在着顶层法规设计、配套法律法规衔接与整合、职教标准化法规体系建设、公益组织促进职教法规落地四个方面可供改进之处，需要通过完善相关立法以促进职业技术教育事业发展。现行的职业技术教育存在着属地管理与行业管理并存，院校、企业、行业职责不清的现状，体现为有时主体缺位、管理空位、"教育失灵"的一系列问题，究其实质在于一些法规的内容已滞后于现实需要。不同法规之间需要形成协同配合的立法格局，不能依靠一部法律"单兵突进"。职业技术教育事业的发展还需要包括教育法、民办教育促进法、高等教育法、教师法、学位条例等在内的一系列法规的配合，这既是职业技术教育作为教育事业中一个特殊环节的必然要求，也是职业技术教育与其他教育形式良性衔接的必然之举。除此以外还要建立健全职业技术教育相关法规落地的全程管控，在法规制定之外同样需要执法的配合，需要会同劳动监察、职业成教等部门，共同致力于职业技术教育法律法规体系的落地和整合，使之更为有效应用，而第三方机构也需要开展职业技术教育相关法律法规的落地监督工作。

## 第七节　教学培养与市场需求脱节

　　学校的课程设置没有了解市场的需求，学校的课程过于老旧，不能适应市场的更新换代。有的学校对教学的要求不严格，学生的学习积极性差，技术掌握不牢固，在企业中不能独立地掌握项目。教师的能力不足，个人素质不能满足"双师型"教师的需求，学校为了弥补教师的数量，让教文化课的教师临时培训学生，导致学生无法学到系统的专业知识，这些原因都是导致学生不能找到高质量工作的原因，本质上反映的是教学培养与市场需求之间的脱节。具体体现在以下几部分：

　　高校推行职业技术教育的目的是让学生在脱离校园后，缩短职位匹配和适应职场的时间，快速实现自身追求和创造社会价值。但大部分高校职业技术教育的管理者和从业者对职业技术教育的理解尚停留在表层，具体体现在：一是制定培育方案时未能及时、充分地进行专业市场调研工作，使得职业技术教育的人才培养方向与现实市场需求存在脱节的现象；二是教育模式仍受到传统教育思想的束缚，即"重普教轻职教"，教育未能充分锻炼和培养学生的职业技能；三是学生、家长及社会对职业技能的培养存在偏见，认为学历、学校的知名度更为重要，导致职业技术教育的实施效果未达预期。

　　国家对于职业技术教育的重视，促进了高职院校迅速发展，各种高职院校陆续出现，学生的选择也越来越多了。但各个高职院校的教育教学质量却大相径庭，办学状况令人担忧，很难培养出社会所需的"适销对路"的人才。一些高职院校为了生存，盲目出台各种招生优惠政策，重"进口"，轻"出口"，重招生，轻教学，校企合作浮于表面，教学内容与工作岗位需求相脱节，没能实现真正意义上的"工学结合"，导致学生进入学校之后没有学到企业所需的技术技能。虽然高职院校都在推行"实习就业一体化"，但很多学生根本达不到企业的用人需求，很难拥有一技之长，未来职业规划缺失，促进就业问题没有从根本上得到解决，其结果是就业难，对口就业也难，高质量就业更难。

# 第二章 我国基础技术人员教育发展的建议

## 第一节 进一步加强基础技术人才教育发展

**一、立足于东部地区丰富的企业市场资源，学校联合企业共同培养学生**

应用型本科高校、中高等职业院校从2019年开始启动《国家职业技术教育改革实施方案》里提到的"学历证书+若干职业技能等级证书"，即"1+X"证书制度。学生受教育的程度在"1+X"证书制度中是"1"，是学生未来职业发展的基石；"X"表示"从事生产的技能水平"，是基础技术院校学生未来就业的核心竞争力。"1+X"证书制度让基础技术院校学生在学习和工作中目标更加明确，对职业前景更有信心。

## 二、职业技术院校要加强重点专业的扶持力度

这种扶持不仅表现在资金方面，还应该表现在中高职学校提升自身核心竞争力上，实施"严进宽出"的办学方针来保证学生的质量，让学生在学校学有所长以适应毕业后企业的需求；培养学校的"王牌专业"而不是盲目开设新的课程，专业在精不在多，这样才能让学校在招生过程中获得社会大众的认同，从而招收更为优质的学生，改变人们对职业技术教育的偏见，使学校进入良性循环的轨道，从而提高学校的声誉。

## 三、要兼顾理论教学和实践教学，充分发挥教师对于教育的主导作用，尊重学生的课堂主体地位

随着 5G 时代的到来，教师应该更新教学技能，学习新的符合时代需求的知识，要充分利用好人机交互、机器学习、大数据、云计算等新技术，培养与时俱进的高端技术人才。对于新技术领域师资力量的缺乏问题，一方面要利用好"慕课"在线学习平台，从微视频中学习复杂的知识，将繁杂的书本知识以可视化的操作教给学生，更方便学生吸收知识。另一方面要推动"双师型"教学制度，教师进入企业亲身实践是提高教师教学技能的一个捷径，通过参与企业日常工作考核，对怎样通过职业技术教育培养真正的人才做出思考，了解到企业对职员的各项要求。教师在企业实地考察工作后也能认识到专业内的前瞻技术，方便更新教师本人的知识库。

## 四、提高职业技术教育的市场化导向

建立健全市场引领的需求式、"订单式"职业技术教育培养模式，

从新时代市场的职业技能需求度、技能更新速率的角度加强现有职业技术教育培养模式的建设,突出企业和用人单位在整个职业技术教育过程中的作用,努力扭转现有职业技术教育与市场需求脱节的问题。

**五、提高当地政府在职业技能培养过程中的作用**

职业技术教育是培养新时期工程技术人员的重要领域,现有职业技术教育面临着投入低、市场脱节等问题,其根本是职业技术教育的投入偏低所致,而企业在发展中对于较为优秀的熟练的工程技术人员又是尤为突出、尤为需要的。一方面需求巨大,另一方面所培养的又不能直接利用,这就需要政府在企业和职业技能培养院校间建立较为完善的联系,搭建校企合作的平台,可以对企业提供减免税收的相关政策,鼓励其积极投入所需工程技术人员的定向培训中,遴选及建设一批具有校企合作办学条件的学校,直接投入培养的相关经费,开展较为先进的有利于市场的"校企融合式"教学培养模式。

## 第二节 加强本科层次基础技术教育发展

**一、优化职业本科学校布局,稳步发展职业本科教育**

从国家层面制定相应政策方针,合理规划本科层次职业学校的布局。加强中西部职业技术教育资源和教育经费的投入,建设高水平的本科层次职业学校,可依据人口分布特征有计划地在中西部地区分批次建设多所高水平本科层次高校,尤其关注农村地区和民族地区,为区域经济发展需要培养高层次的技术技能型人才。相关部门应加强对本科层次职业院校建设、职业本科专业设置的管理，做到职业本科教育的有序推进、循序渐进。

## 二、完善制度框架，明晰职业本科培养目标

国家相关部门应加快制定本科层次职业技术教育学校的相关国家专业标准、办学标准、教学标准、技能标准、考核标准等，为职业本科教育提供制度层面的保障，以引领本科层次职业学校的稳定发展；已建设的本科层次职业学校应洞悉区域产业发展的新业态、新职业、新岗位，并依据各项标准进一步明确办学定位，制定符合行业发展要求的学校培养目标；已经由高职院校升格为职业本科的学校，应明确区分本科层次与专科层次的人才培养目标。

## 三、优化职业本科学校的教育模式，提高社会认可度

探索多种职业教学方式，优化职业教学模式。国家层面出台相应鼓励政策鼓励各职业技术教育学校探索并实践工作过程情境化的教学实践模式，建立系列化的岗位任务实训以提升学生在完成真实工作任务时的职业能力；提高职业本科学校办学自主权，依据区域发展需求和行业标准，探索适宜的产教融合机制，坚持"做学合一"的人才培养路径；汲取先进的国外职业技术教育模式经验，并深入理解其形成体系背后的基本逻辑、协作关系、制度和价值预设，结合我国不同地区的实际情况，构建既适应我国国情又符合行业技能形成的基本规律的职业本科教育模式。完善实操实践教学的标准体系，提高学生实践技能。建立完善的课程实践标准，合理调整理论课程与实践课程的比例，以提升学生的

实践实操能力；加大实操实践的资金投入，如政府直拨实习经费，建立减免企业实习税收的相关政策，以加强企业与学校深度合作的积极性；建立相应的奖励机制，鼓励学生积极参与行业技能大赛，提高专业技术能力。

**四、改革各项考核机制，提高人才培养质量**

从国家层次制定详细的考核标准，可推广实行"行业资格认证+学分"的二元考核机制，以完善本科层次职业资格认证制度，同时要严格把控学生行业资格证、技能证和课程成绩认定过程，使毕业生真正具备完成相关岗位任务群的能力；国家应打造纵向贯通、横向融通的现代职业技术教育体系，建立完善的学历学位授予制度，以明晰工程类职业技术教育学历结构层级，实现与其他学历学位的有效衔接；建立一套特色的教师考核和职称评审制度，打破学历限制，突出教师素质、教法创新、技能指导等方面的考核权重。

## 第三节 设立职业类学生公费教育试点工程

**一、部分本科层次职业学校试行并逐步推行**

加强前瞻性思考、全局性谋划，建设职业技术教育公费生培养的试点院校和试点专业。可选择已经具有一定实力和办学水平且与国有企业有长期"订单式"培养合作的本科层次职业学校作为试点学校；结合院校特色和优势学科，科学预测科技、经济发展对人才类型的需求，精准定位区域市场需求的紧缺行业，选择试点专业；根据试点院校的办学特色，制定职业类公费生的培养方案。

## 二、建立多部门协同工作机制

各级各部门应加强协调，建立分工明确的责任管理体系。拟开设职业类公费生培养专业的地方政府的人力资源和社会保障部门要切实统筹，加强对职业类公费生培养的条件保障和政策支持；各省区市人力资源和社会保障部门应根据自身实际需求，合理分配公费生的指标，下达人员培养计划；当地教育行政部门和培养院校负责职业类公费生的招生和培养工作；机构编制部门和相关企业负责在职业类公费生确定就业单位后的备案工作；财政部门负责落实相关经费保障等等。各部门各司其职、各尽其责，形成有序、规范的公费职业技术教育管理体系。

## 三、完善并建立职业类公费生培养体系

建立职业类公费生招考制度。统筹做好职业类公费生招生及录取工作，逐步建立"职业类公费生招考制度"。科学制定职业类公费生招生计划，控制首批公费生招生人数，确保高素质技术技能人才培养质量，稳步推行职业类公费生制度；合理制定不同类型招考形式、不同区域的录取名额分配方案，指导和支持公费生教育招收职业学校毕业生，实现连续培养；认真总结分类考试的实践经验，完善"文化素质+职业技能"的招生录取方法。

## 四、制定职业类公费生培养方案

制定区别于普通职教生、普通本科的职业类公费生培养方案，逐渐

完善人才培养、使用、评价、激励制度，营造人人皆可成才、人人尽展其才的良好环境。着重强调服务于区域紧缺行业的定向培养目标；根据行业需要灵活设置有弹性的服务年限，可借鉴其他公费生制度的服务年限，一般为5—10年；加强职业类公费生的职业技能培训和鉴定，将"技能+学分"纳入协议中，注重学生工匠精神和精益求精习惯的养成；从学校层面建立完善的考核以及奖惩制度，加强职业类公费生的管理；提高职业类公费生的核心竞争力，确保学生足额、真实参加实习实训，让学生在实践中增长才智、提升技能，规避公费生教育的"投机性"和"功利性"，打破公费生对"学习好不如政策好"的现象所造成的心理落差，激发学生学习的积极性和进取心。

### 五、建立职业类公费生资助体系

实施学费和住宿费全免政策，以吸引更多优秀生源，尤其是向欠发达地区、农村地区和民族地区倾斜；试点院校根据经济发展水平和财力状况确定生活补助标准；国家加大经费投入，提供向国内外交流及实习实训的机会，鼓励职业类公费生积极参加行业技能大赛，申请各类奖、助学金；各部门协调建立明确的见习、实习工资制度，保障学生利益；鼓励政府、相关企业及社会各界设立各类专项奖学金。

### 六、建立职业类公费生就业保障机制

完善工程职业类公费生的就业政策，实施公开招聘制度下的双向选择制度，适当打破就业的区域限制，建立区域联动就业机制，增强就业的灵活性；不断强化制度激励、资金支持、服务保障，为引进和留住人才提供政策保障，如在基层就业一定年限内提供现金补助、购房补贴等

奖励；打通公费生毕业后的就业、落户、职称评审、职级晋升等方面的通道，解决好社会对职业技术教育的认可问题，提高职业技术教育吸引力。

**七、加强师资队伍建设**

加快建立并实施教师专业标准制度，健全教师引进、培养、评价机制。落实教师到企业实践制度，推动企业工程技术人员、高技能人才和职业院校教师双向流动，校企联合建立高水平、结构化教师教学创新团队，推进教师分工协作进行模块化教学；定期邀请国内外相关行业专家、企业优秀工程技术人员对院校教师进行培训，提高教师的实践实操能力，以加强对学生职业技能的指导；委培单位与相关企业建立合作关系，聘请行业领域的专家和工程师作为兼职教师，更好地实现校企融合。

**八、规范履约管理**

报考职业技术教育公费生的考生在入学报到前须与培养学校和定向就业区域有关部门签订公费教育协议书。学生因个人原因中断学业，或未在培养期满取得毕业证书、学位证书者，定向就业地区有关部门有权与其解除协议，应按照规定退还已享受的免费教育经费；定向培养学生毕业后，未按协议到所涉单位工作的，要按规定退还免费教育经费，并缴纳相应的违约金；在所涉单位工作未满协议年限或考核不合格的，按照规定解除聘用合同，并按比例退还免费教育经费和缴纳违约金；相关部门做好定向培养学生的履约管理，建立诚信档案，公布违约记录，并记入人事档案。

## 第四节　规避本科职业技术教育发展中的"学术化"倾向

发展"职业本科教育"是我国大力推进职业技术教育发展改革的重要举措，肩负着培养高层次技术技能人才的重任，同时是"加快构建现代职业技术教育体系，培养更多高素质技术技能人才能工巧匠、大国工匠"的迫切需要。本研究通过对工程类本科职业技术教育相关文献、政策及当前本科层次职业技术教育发展现状进行分析，分别从学理层面、政策层面、实施层面探讨本科职业技术教育出现"学术化"倾向的原因。从而提出工程类本科职业技术教育应坚持"职业技术教育"类型的基本定位，完善工程类本科职业技术教育的注重"实践性"的人才培养体系，加快实验设备、实践基地建设，改革教师招聘和考核制度等措施，规避工程类本科职业技术教育的"学术化"倾向。

2014年国务院在《关于加快发展现代职业技术教育的决定》中首次提出"本科层次职业技术教育"概念。自"本科职业技术教育"提出以来，很多学者对此提出了各自的见解。方泽强分别从理论与实践层分析，提出本科职业技术教育为培养具有较强技术理论、技术应用和初步研究能力，面向生产、建设、管理、服务第一线的高层次技术技能人才的教育类型。他认为本科职业技术教育培养的人才具有高层次性和职业性。涂向辉从人才类型与层次角度提出，本科层次的职业技术教育主要培养人才的技术应用、技术设计和技术管理能力及一定的技术创新能力。伍红军基于对理论与应用、职业与技术、技术与技能等前置概念的厘清，提出职业本科是面向行业产业的高端领域培养具备新技术应用与应用技术研发能力人才的本科层次职业技术教育。郭建如认为职业技术教育本科层次以培养产业一线的高端技术技能人才为目标，以职业（工作）标准对从业者素质与能力的要求为教育的逻辑起点，强调在职业（工作）场景进行培养，并要求受教育者具有更多学科性或理论性知识，有着特定的教育内涵，可视为应用型高等教育的特殊类型。

综上所述，从人才培养定位、类型教育、教育层次三个角度出发，本科职业技术教育是指培养高水平的新技术应用、管理以及初步研发能力人才的本科层次的职业技术教育，如图7-1所示。

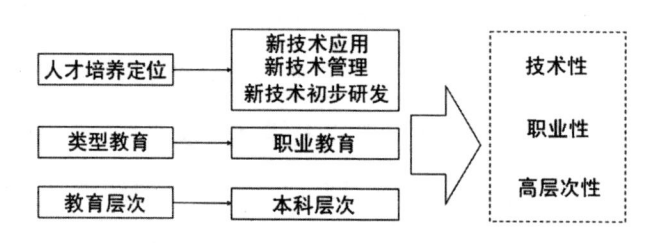

**图7-1 本科职业技术教育内涵及特征**

当代人学家张荣寰将"学术"的概念界定为对存在物及其规律的学科化论证，常以"学科"和"领域"来划分，如地理科学、生物科学、认知科学等。"学术"（academia）是指进行高等教育和研究的科学与文化群体。从这个角度看，"学术"强调的是对科学理论的研究，一定程度与"技术"相"对立"。本科职业技术教育属于高等教育，在高等教育阶段过程中极易出现"学术化"倾向。

在本科职业技术教育的"学术化"倾向的原因探讨方面可以分为以下3点：

## 一、学理层面：类型定位不清晰，本科"精英化"教育的传统观念

依据传统观念，高等教育持"大学者，研究高深学问者也"的办学理念。一直以来职业技术教育的最高层次是高等专科层次，而如今要发展职业技术教育的本科层次，突破职业技术教育的学历"天花板"。本科层次职业技术教育在建设过程中势必会受到传统认知的影响，拘泥于传统本科办学模式，而高等院校都十分重视其研究的"学科归属"和"学术领地"，因此极易出现理论思辨倾向和学术化情节。高等教育体系分类多样化，职业技术教育定位不清。2017年，教育部印发的《关于"十三五"时期高等学校设置工作的意见》探索构建了高等教育分类体系，将我国高等教育分为研究型、应用型和职业技能型三大类型，如图7-2所示，明确提出职业技能型高等院校培养的是专科层次技能人才，应用型高等学校及研究型高等学校培养的才是本科层次及以上的人才。这显然与当前提出的"本科层次职业技术教育"是相矛盾的。郭建如教授提出高等教育体系分为学术研究型和应用型两个轨道，而本科职业技术教育是应用型本科的一个特殊类型。诸多高校的发展定位多为"研究型"，而当前，应用型本科中也较注重理论的研究，对于"应用型""职业型""技术型"等的界定更是存在着混乱的现象。现在又提出"本科职业技术教育"这一"新鲜事物"，由于定位不清晰，极其容易走向"理论化"的道路。随着我国高等教育不断大众化、普及化，很多高等院校仍只趋于走精英化、学术化的单一发展路径，无法满足多类型、多层次人才培养的需要。我国高等职业技术教育长期只停留在高等专科层次，未有涉足本科层次，对发展职业本科的重要性和必要性认识不足，对于如何开展职业本科教育存在一定争议。

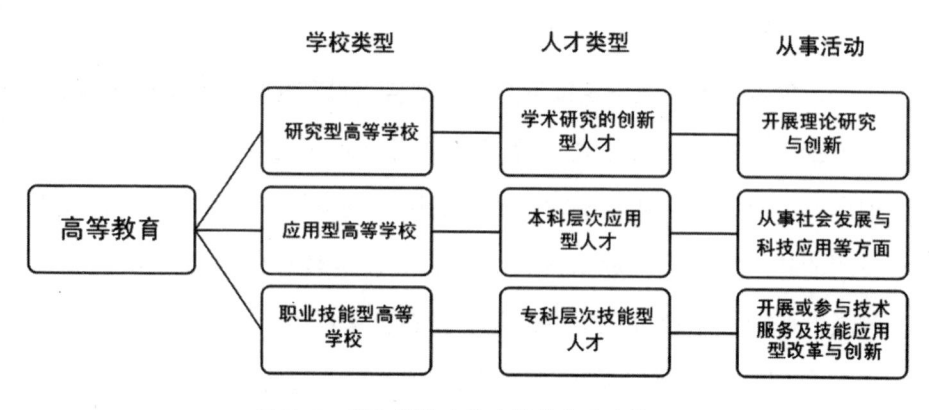

```
学校类型            人才类型              从事活动

         ┌── 研究型高等学校 ── 学术研究的创新型人才 ── 开展理论研究与创新
高等教育 ─┼── 应用型高等学校 ── 本科层次应用型人才 ── 从事社会发展与科技应用等方面
         └── 职业技能型高等学校 ── 专科层次技能型人才 ── 开展或参与技术服务及技能应用型改革与创新
```

图 7-2　教育部构建的高等教育分类体系

面对职业本科专业办学内涵的争论，在职业本科尚处于迷茫状态的时候，能够找到一个学习标杆，即普通本科教育，并按照这个标杆推进专业建设。而从人才培养的逻辑起点看，职业本科定位的是企业中的职业岗位，而普通本科和应用型本科是学术性教育或工程类教育。从这个角度看，职业本科的发展极易受到普通本科"学术化"办学的影响。

## 二、政策层面：政策规定模糊、不明确

通过整理分析由国务院教育部等相关部门制定并出台的有关本科职业技术教育的相关政策、法律法规等（表 7-1）。自 2014 年开始，关于职业技术教育发展的相关文件中，仅简单出现了"本科职业技术教育""本科层次职业技术教育""职业本科教育"等不同的相关概念表征，并且都是与应用技术型高校、普通本科高校"捆绑"在一起的，政策规定模糊不清且具有不一致性，这使得职业技术教育研究根据政策文本进行研究时，在界定"职业本科"时容易陷入似是而非、模棱两可的境地。2021 年 1 月教育部公布的《本科层次职业技术教育专业设置管理办法（试行）》（以下简称《办法》）是首个专门为本科职业技术

教育提供的政策文件，但只是"试行"管理办法，该办法对职业本科专业的设置条件与要求、设置程序、设置指导和监督做出了规定，提出"本科层次职业技术教育专业设置应体现职业技术教育类型特点，坚持高层次技术技能人才培养定位"，一定程度上进一步明确了"本科职业技术教育"的内涵，但是与之前一系列的政策文件中所提及的相关内容不管是学理层面还是专业、院校建设方面都存在着差异。

表 7-1 本科职业技术教育相关政策文件

| 发布时间 | 文件名称 | 发布机构 | 相关内容 | 术语表述 |
| --- | --- | --- | --- | --- |
| 2014.06 | 《关于加快发展现代职业教育的决定》 | 国务院 | 引导一批普通本科高等学校向应用技术类型高等学校转型，重点举办本科职业技术教育 | 本科职业技术教育 |
| 2014.06 | 《现代职业教育体系建设规划（2014—2020年）》 | 教育部、国家发展改革委、财政部、等六部门 | 发展应用技术类型高校，培养本科层次职业人才；本科层次职业技术教育达到一定规模；鼓励举办应用技术类型高校，举办本科职业技术教育为重点 | 本科职业技术教育 |
| 2015.10 | 《高等职业教育创新发展行动计划（2015—2018年）》 | 教育部 | 引导一批独立学院发展成为应用技术类型高校，重点举办本科层次职业技术教育；接受本科层次职业技术教育学生达到一定规模 | 本科层次职业技术教育 |

续表

| 发布时间 | 文件名称 | 发布机构 | 相关内容 | 术语表述 |
| --- | --- | --- | --- | --- |
| 2017.02 | 《教育部关于"十三五"时期高等学校设置工作的意见》 | 教育部 | 高等职业学校原则上不升格为本科学校，不与本科学校合并，也不更名为高等专科学校的基本政策，努力建成一批高水平的职业学校和骨干专业 | — |
| 2019.01 | 《国家职业教育改革实施方案》 | 国务院 | 开展本科层次职业技术教育试点 | 本科层次职业技术教育 |
| 2021.01 | 《本科层次职业教育专业设置管理办法（试行）》 | 教育部 | 规定了专业设置条件与要求、专业设置程序、专业设置指导与监督 | 本科层次职业技术教育 |
| 2021.04 | 《关于学习宣传贯彻习近平总书记重要指示和全国职业教育大会精神》 | 教育部 | 推动高等职业技术教育提质培优，稳步发展职业本科教育 | 职业本科教育 |

### 三、实施层面：办学质量保障相对不足

（一）本科层次职业学校办学经验不足

国家建设的本科职业技术教育的学校主要有三种类型，分别是高等专科学校升格为本科、独立院校转设或与高职院校合并、应用型或普通本科院校开展职业本科教育。随着我国对职业技术教育的重视，并提出"本科职业技术教育"概念，很多民办高职院校积极申请学校层次的升

格，到现在已有22所高职正式升格为本科（表7-2），同时一些独立院校在政策的支持下，积极转设本科层次职业技术教育学校（表7-3）。由高职院校升格而成的职业本科学校，由于缺乏本科办学经验，也易借鉴和模仿普通本科的办学经验，从而陷入本科教育的"理论化"漩涡，极易造成职业本科教育的"畸形发展"，无法应对新技术应用领域日益严峻的"用工荒"问题；由独立本科院校转设的职业本科学校都极易拘泥于过去的办学模式和经验；一些普通本科和应用型本科院校虽然在开展职业技术教育，但是长期以来地方本科院校对标国家普通本科高校的专业评价标准，虽然强调应用型本科定位，但大部分追求更多、更高的科研项目，学校的考核导向也侧重于教学和科研成果，更多地偏向于理论化，相对于职业技术教育的标准差异比较大，未形成明晰的本科职业人才培养基本路径和方法。

表7-2　高职院校升格为本科层次职业学校统计

| 省区市 | 建校基础 | 升格院校 | 办学性质 |
| --- | --- | --- | --- |
| 福建 | 泉州理工职业学院 | 泉州职业技术大学 | 民办 |
| 江西 | 南昌职业学校 | 南昌职业大学 | 民办 |
| 江西 | 江西先锋软件职业技术学院 | 江西软件职业技术大学 | 民办 |
| 山东 | 山东外国语职业学院 | 山东外国语职业技术大学 | 民办 |
| 山东 | 山东外事翻译职业学院 | 山东外事职业大学 | 民办 |
| 河南 | 周口科技职业学院 | 河南科技职业大学 | 民办 |
| 广东 | 广州科技职业技术学院 | 广州科技职业技术大学 | 民办 |
| 广东 | 广州工商学院 | 广东工商职业技术大学 | 民办 |
| 广西 | 广西城市职业学院 | 广西城市职业大学 | 民办 |
| 海南 | 海南科技职业学院 | 海南科技职业大学 | 民办 |

续表

| 省区市 | 建校基础 | 升格院校 | 办学性质 |
|---|---|---|---|
| 重庆 | 重庆机电职业技术学院 | 重庆机电职业技术大学 | 民办 |
| 四川 | 成都艺术职业学院 | 成都艺术职业大学 | 民办 |
| 陕西 | 陕西电子科技职业学院 | 西安信息职业大学 | 民办 |
| 陕西 | 西安汽车科技职业学院 | 西安汽车职业大学 | 民办 |
| 辽宁 | 辽宁理工职业学院 | 辽宁理工职业大学 | 民办 |
| 山西 | 运城职业技术学院 | 运城职业技术大学 | 民办 |
| 浙江 | 浙江广厦建设职业技术学院 | 浙江广厦建设职业技术大学 | 民办 |
| 江苏 | 南京工业职业技术学院 | 南京工业职业技术大学 | 公办 |
| 新疆 | 新疆天山职业技术学院 | 新疆天山职业技术大学 | 民办 |
| 上海 | 上海中侨职业技术学院 | 上海中侨职业技术大学 | 民办 |
| 湖南 | 湖南软件职业学院 | 湖南软件职业学院 | 民办 |

注：部分学校资料空缺，不予显示

表7-3 独立院校转设或合并转设的本科层次职业学校统计

| 省区市 | 转设或拟设院校 本科 | 转设或拟设院校 专科 | 转设后院校 | 办学性质 | 批准日期 |
|---|---|---|---|---|---|
| 江西 | 景德镇陶瓷大学 | | 景德镇艺术职业大学 | 公办 | 2020.12 |
| 山西 | 山西大学商务学院 | 山西交通职业技术学院、山西建筑职业技术学院 | 山西工程科技职业大学 | 公办 | 2020.12 |
| 江西 | 赣南师范大学科技学院 | 赣州职业技术学院 | 赣州职业技术大学 | 公办 | 拟设 |
| 山东 | 山东财经大学燕山学院 | 山东职业学院 | | | 拟设 |

续表

| 省区市 | 转设或拟设院校 本科 | 转设或拟设院校 专科 | 转设后院校 | 办学性质 | 批准日期 |
|---|---|---|---|---|---|
| 河北 | 河北工业大学城市学院 | 承德石油高等专科学校 | 河北石油职业技术大学 | 公办 | 2021.01 |
| 河北 | 华北电力大学科技学院 | 邢台职业技术学院 | 河北科技工程职业技术大学 | 公办 | 2021.01 |
| 河北 | 河北科技大学理工学院 | 河北工业职业技术学院 | 河北工业职业技术大学 | 公办 | 2021.01 |
| 浙江 | 浙江海洋大学东海科学技术学院 | 浙江医药高等专科学校 | 浙江药学院（暂定） | 公办 | 拟设 |
| 广西 | 广西大学行健文理学院 | 广西农业职业技术学院 | 广西农业职业技术大学 | 公办 | 2021.02 |
| 甘肃 | 西北师范大学知行学院 | 兰州石化职业技术学院 | 兰州石化职业技术大学（暂定） | 公办 | 2021.03 |
| 甘肃 | 兰州财经大学长青学院 | 兰州资源环境职业技术学院 | 兰州资源环境职业技术大学（暂定） | 公办 | 2021.03 |
| 湖南 | 湖南工业大学科技学院 | 湖南铁道职业技术学院、湖南铁路科技职业学院 | | | 拟设 |

注：部分学校资料空缺，不予显示

## （二）课程设置偏理论化

职业技能实践课程学时不足，在《办法》中明确规定实践教学课时占总课时的比例不低于50%，实验实训项目（任务）开出率达100%。一些高职院校为升格为本科，"千方百计"达到该要求，事实上聚焦"职业技能"的实践课时远不足50%。本研究选取S省一所由高职院校升格为本科的职业院校（用"Y校"表示）"采矿工程"专业，对其人才培养方案中的课程进行分析，课程分为"人文素养课程平台""基本职业素养课程平台""技术技能素养课程平台"三个课程类别。

（三）技能证书的要求相对弱化

技能资格证书是劳动者从事某一职业所具有的学识和技能的证明。它是劳动者求职、任职、开业的资格凭证，是用人单位招聘、录用劳动者的主要依据。在由高职院校升格为本科层次职业学校的22所规定的毕业条件方面，毕业要求除必须要满足相应规定的课时学分以外，学校只在技能证书方面做了一定"要求"。不同于学分的强制性，在证书方面，学校多用"学生争取""鼓励学生"等字眼，虽然强调证书的重要性，但并未将获取技能资格证书作为学生毕业的强制性条件，这样极易导致学生对行业技能训练的不重视。相反，大多数高职院校对毕业行业技能证书要求严格。

（四）职业发展实验设备、实践基地缺乏

本科职业技术教育的提出是为了应对我国目前总体的劳动者素质尚无法全力支撑产业结构优化升级的现状。发展本科层次职业技术教育的院校在实践设备、实践基地建设方面难以满足专业快速发展的需要。由高职院校升格而来的本科层次职业学校，虽然有一定的实践基地和设备，但是在立足于当前高端产业和新产业发展的需求方面，有些实践基地对接的是传统产业，过于陈旧；开展本科职业技术教育普通本科和应用型本科院校，实践基地多为注重研究型的实验室，缺乏培养行业技能训练的专门的实践基地和设备，职业能力培养的硬件资源配备不足。

### （五）师资建设中追求学历、忽视技能

本科层次职业学校师资招聘优先考虑的依旧是学历层次，图7-3是2021年已发布招聘公告的7所本科层次职业学校的学历、职称要求汇总，可以看出师资建设依然注重教师的"学术"。硕士研究生多为研究型本科学校所培养，从这个层面来看，教师本身的专业实践实操能力较弱，理论性较强，教学过程也会偏向理论化。只有少数学校的少数专业在师资招聘时，如有丰富的教学经验、企业经验、中高级职称，可以放宽学历要求。另外，职称对于教职工的重要性不言而喻，决定职称晋升的关键取决于学术成果水平，同时受利益驱动，把争课题、项目、拿经费作为学术研究的目的，这样也会导致高等职业技术教育评价体系的"学术化"倾向。

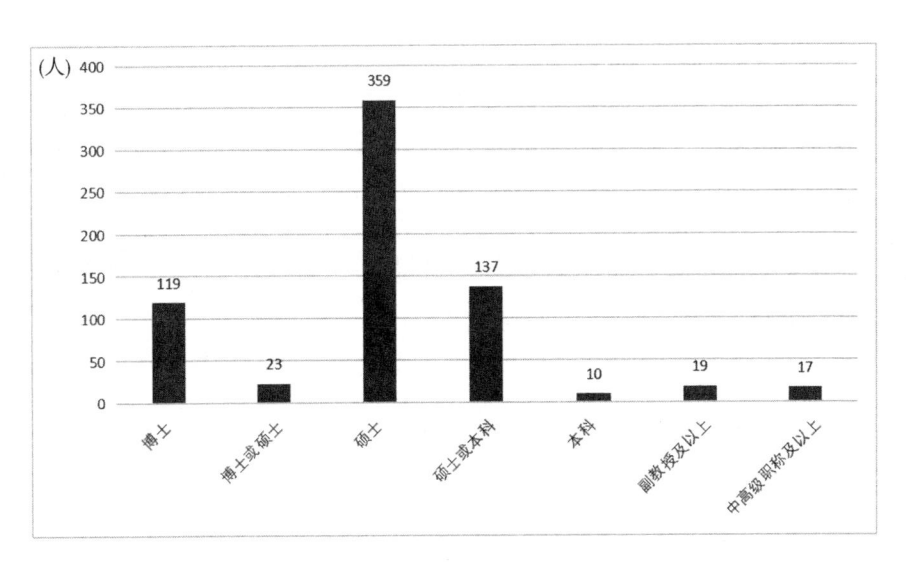

图7-3 2021年7所本科层次职业技术教育学校师资招聘情况

## （六）学校评价体系的"学术化"

目前社会对本科学校的排行榜，主要是基于学校的科教产出、办学条件、师资力量、学校声誉等方面进行评判。例如，具有重要社会影响力和权威参考价值"软科中国大学排名"，主要评价模块包括办学层次、学科水平、办学资源、师资规模与结构、人才培养、科学研究、服务社会、学术人才、重大项目与成果、国际竞争力十项评价模块。虽然将1200多所高校划分为综合性大学、单科性大学、非公办大学，采用差异化的指标体系分别排名，但是未从职业技术教育的角度进行确定指标与权重，而是将本科层次职业学校融入单科性和独立院校中进行排名，将职业本科院校与普通本科院校的人才用一个评价体系进行评价，显然是有失公平的。另外，中国科教评价网首次建立了职业本科院校的评价指标体系，包括办学条件、师资力量、科教产出和学校声誉，总体来看"科教产出"的权重最大。这样类似的评价体系极易引导学校为提高学术产出而采取各种方法激励学生参与学术研究。例如，对学术研究成果质量及数量要求和高级别研究论文、到账经费、专利及软著（计算机软件著作权）的奖励制度等，虽然有合理性，但明显有学术功利性目的；学校千方百计地争取国家及省重点专业、品牌专业建设，除了自身发展的要求外，还有利益驱动。

## 四、工程类本科职业技术教育规避"学术化"建议

### （一）坚持"职业技术教育"类型的基本定位

本科职业技术教育是建设本科层次的职业技术教育，各类本科层次

职业技术教育学校应该坚持"职业技术教育"的精准定位，处理好"科学"与"技术"的关系，本科职业技术教育重在"技术"和"实践"，而不是"学术"和"理论"。只有坚定职业技术教育的类型定位，以产业一线职业岗位为逻辑起点，通过岗位需求分析形成的职业素质和技术能力要求，将其作为贯穿人才培养定位以及专业设置、教学内容、教学组织和技能训练的逻辑主线，才能够正确引领本科层次职业技术教育的培养体系的设计与构建，不违背本科职业技术教育提出的初衷，以应对新技术革命背景下职业技术教育适应产业升级、满足对高素质技术技能人才的需求。

### （二）构建注重"实践性"的人才培养体系

**1. 培养体系坚持"职业性"和"实践性"**

在办学实践中，人才培养是学校的中心任务。本科职业学校办学处于起步阶段，人才培养体系正处于不断探索阶段。构建人才培养体系应从职业技术教育人才培养的"实践性""职业性"要求出发，重点分析人才培养定位、专业设置、课程体系与教学内容以及教材教法等人才培养体系的重要因素，这些都要突出本科职业技术教育技术的本质和职业定位的把握。

**2. 人才培养目标力求精准对接产业需求**

人才培养目标是人才培养过程各个环节的导向，只有坚持人才培养目标，才能提高人才质量与行业发展需求的契合度。与产业发展紧密对接是职业技术教育的本质属性，本科职业技术教育应坚持面向产业，提升人才培养契合度与技术服务能力。同时要契合本科职业学校办学层次的提升要求，向以新兴产业、高新技术产业等为代表的高端产业，主动服务这些产业对技术技能人才的需要，切实提升为企业提供技术服务的能力，提高社会服务贡献度和在行业企业中的影响力。

3. 构建企业技术融入人才培养新模式

"做学合一"是职业技术教育人才培养的重要模式。本科职业技术教育不仅要坚持"做学合一"，在教学中推进"做中学""学中做"，还需要将企业最新技术及时融入人才培养过程，推动"传统校企合作"向"校企融合型"转变提升；同时坚持育训并举，以对外技术培训提升和对内人才培养能力的方式，在校期间就加强学生的职业技能训练，以快速适应行业人才发展的需要；本科层次职业技术教育要不断汲取产业发展的新鲜元素，从而实现培养人才的"适销对路"。本科职业学校不仅要重视面向行业企业培训的重要作用，更要不断提高培训层次和能力。通过承接行业企业培训等，教师深度了解企业岗位要求，及时更新教学内容、改进教学方式，倒逼教师强化对企业新技术、新工艺、新方法的学习，从而提升教师教育教学能力。

4. 加快工程类本科职业技术教育各项标准研制

结合高校专家、企业需求、行业发展状况等加快研制强调"实践""职业"的本科层次职业技术教育专业标准，作为开展本科层次职业技术教育的依据，从而有效引领各类开展本科职业技术教育的学校培养高素质技术技能人才；建立完善的课程实践标准，合理调整理论课程与实践课程的比例，以提升学生的实践实操能力；加大实习实践的资金投入，如政府直拨实习经费，建立减免企业实习税收的相关政策，以加强企业与学校深度合作的积极性；国家层次制定详细的考核标准，如实行"行业资格认证+学分"的二元考核机制，以完善本科层次职业资格认证制度，同时要严格把控学生行业资格证、技能证和课程成绩认定过程，使毕业生真正具备完成相关岗位任务群的能力。

（三）加快建设实验设备、实践基地

实验设备、实践基地是开展实践课程的重要基础。反之，是规避课程"学术化"的重要措施。政府、高校、相关企业等应加大对实验设备、实践基地建设的资金投入，在数量上支持人才培养的需求。同时，应立足行业发展状况，及时更新设备，给学生提供多样化、高质量的实践基地，为人才质量满足市场需求的人才标准和专业技能标准提供物质基础。

（四）改革教师招聘和考核机制

改革本科层次职业技术教育学校教师招聘方案，同时建立一套特色的职业技术教育教师考核和职称评审制度，打破学历限制，突出教师素质、教法创新、技能指导等方面的考核权重。

工程类本科职业技术教育是一个"新生事物"，在发展过程中出现教育"学术化"倾向是客观存在的现象。各方应从各个层面剖析其出现的原因，思考如何更有效地规避学术化、理论化倾向，这是今后工程类本科职业技术教育发展的前提，对于职业技术教育改革和发展也是值得深入研究的问题；职业本科教育发展任重道远。

# 参考文献

[1] 数据选取了东部沿海地区的10个省份进行缓冲区以及密度分析，因港、澳、台地区没有数据，故此未涉及在内。

[2] 樊陈琳. 现代学徒制：我国教师培训的重要途径［J］. 湖南师范大学教育科学学报, 2002（04）：59-62.

[3] 朱敏成. 发展现代学徒模式 提高学生就业能力［J］. 河南职业技术师范学院学报（职业教育版）, 2002（06）：67-69.

[4] 孙晓燕. 试论现代学徒制对我国职业技术教育的意义［J］. 职教论坛, 2008（02）：23-25.

[5] 蔡晨辰. 对英国现代学徒制中未完成者的思考［J］. 中国培训, 2006（01）：37-38.

[6] 徐徐. 英国现代学徒制和澳大利亚新学徒制比较［J］. 昆明理工大学学报（社会科学版）, 2007（02）：104-107.

[7] 王振洪, 成军. 现代学徒制：高技能人才培养新范式［J］. 中国高教研究, 2012（08）：93-96.

[8] 王喜雪. 英国现代学徒制与我国工学结合的比较研究——基于政策分析的视角［J］. 外国教育研究, 2012, 39（09）：89-96.

[9] 李梦卿, 王若言, 罗莉. 现代学徒制的中国本土化探索与实践 [J]. 职教论坛, 2015 (01): 76-81.

[10] 汤霓, 王亚南, 石伟平. 我国现代学徒制实施的或然症结与路径选择 [J]. 教育科学, 2015, 31 (05): 85-90.

[11] 陈诗慧. 欧洲职业教育现代学徒制的特色、经验与启示 [J]. 教育与职业, 2017 (15): 35-40.

[12] 洪德慧. 职业教育质量评价体系：从社会本位走向以人为本 [J]. 中国职业技术教育, 2019 (10): 59-65.

[13] 杨公安, 白旭东, 韦鹏. 职业教育质量评价标准逻辑模型与体系建构 [J]. 中国职业技术教育, 2019 (20): 78-85.

[14] 唐以志. 关于以效果为导向构建职业教育质量评价标准的思考 [J]. 中国职业技术教育, 2016 (06): 12-16.

[15] 姜泽许. 职业教育产教融合质量评价体系的构建 [J]. 职教论坛, 2018 (05): 34-39.

[16] 李青, 卢坤建, 郑若诗, 等. "四位一体"三结合精准开展课堂教学评价的探索与实践 [J]. 中国职业技术教育, 2019 (17): 59-62.

[17] 白虹雨, 朱德全. 职业教育课堂教学系统性评价：理念、设计与实施 [J]. 职教论坛, 2016 (15): 81-86.

[18] SAMRT 原则, 即 specific、measurable、attainable、relevant、time bound 的缩写, 译为目标明确、可以衡量、可以实现、具有相关性、时间明确五项原则, 是为了使制定的目标能够准时, 在保证高效率完成的前提下而制定的目标执行准则。

[19] 康晓明, 许冰冰, 陈晓青. "教学做一体化"课堂教学标准

和评价标准研究[J].中国职业技术教育,2016(11):26-29.

[20] 陈蕾,黄睿,黄志平.高职院校实践课程评价体系构建[J].中国职业技术教育,2021(11):61-64.

[21] 苗玲玉,鲍风雨.课堂教学评价:运用移动设备实现课程思政的院校案例[J].中国职业技术教育,2019(05):36-40.

[22] 陈群,王彬,周彬.对中职学校"二阶段三课堂"学业评价模式的再认识[J].职教论坛,2011(06):54-56.

[23] 王常雪.新时代职业教育教材类型特质及量化评价体系建构[J].职业技术教育,2021,42(21):28-31.

[24] 李鹏,石伟平.什么样的教材是"好教材"——职业教育教材评价的理论反思[J].教育发展研究,2019,39(19):59-67.

[25] 洪梅,王桔.职业教育背景下"双师型"教师综合能力评价体系[J].教育与职业,2017(09):71-75.

[26] 刁均峰,韩锡斌.职业教育"双师型"教师教学能力评价指标体系构建[J/OL].现代远距离教育,2021-12-08.

[27] 王江清.评查协同 结果倒逼 省级职业教育质量监控体系建设模式探索[J].中国职业技术教育,2020(22):25-28.

[28] 杨化奎,温巍,刘伟宏.职业院校质量管理评价体系的瓶颈与构建策略[J].教育与职业,2018(19):47-51.

# 后 记

本书写作的基本构想始于 2020 年,适逢 2020 年孙九林院士与我共同主持申报的"新时代工程科技人才需求与教育模式改革战略研究"(编号:2020-XZ-26)获得批准,让我有机会在这方面做出新的探索。

应该说,在今天编写《新时代中国基础技术人才教育发展现状研究》具有很好的机遇,在目前国家深度变革和快速崛起的大背景下,有诸多因素正在强力推动着我国基础教育变革的进程,这为新时期职业教育的发展提供了强大的动力和丰富的资源。比如,中共中央、国务院印发《中国教育现代化 2035》,提出要加快发展现代职业教育,不断优化职业教育结构与布局。推动职业教育与产业发展有机衔接、深度融合,集中力量建成一批中国特色高水平职业院校和专业。然而,长期以来,由于我国基础技术人才教育培养质量不高,基础技术人员教育模式与市场需求脱节,导致我国基础技术人才职业社会地位偏低,迫切需要树立新时代基础技术人员教育理念。来自国外和本土的先进基础技术人员教育模式和评估体系,为构建新时代基础技术人员教育模式和评估体系提供了丰富的理论资源。在这样的背景下,我们有责任,也有信心为新时代基础技术人员教育发展做一些探索性的工作。

为了克服我个人在时间和视野方面的局限，也为了利用团队合作的优势及集体的智慧，《新时代中国基础技术人才教育发展现状研究》由山西师范大学地理科学学院和教师教育学院的优秀教师合作完成。该书的总体框架和提纲由我负责设计，并先后多次经由合作团队成员一起研讨、修改、定稿。初稿完成后，我对全部书稿进行了3次大的修改以及多次局部性的修改，本书的具体分工是，孙从建负责整体把握设计、撰写并定稿，刘岗负责数据收集与分析，陈伟负责数据分析及撰写。此外，研究生赵彦存、王鑫钰、贾焰文、王一涵、殷一丹、李孟乔、王红阳、周思捷、王诗语、张鑫、张志伟等承担了本书的资料查找、收集、汇总以及校订工作。

本书的写作与出版得到了多方的鼓励与支持。感谢浙江大学、西北农林大学、陕西师范大学、陕西土建集团、浙江托普云农科技股份有限公司、临汾职业技术学院、山西师范大学、山西省教育厅职成处在本书基础调研数据收集过程中提供帮助的所有人员，在此，谨对上述单位和个人致以衷心的感谢！

孙从建

2021 年 12 月